Zhongguo Wenhua Zhishi Duben

中国文化知识读本

中华饮食老字号

主编 金开诚
编著 李井慧

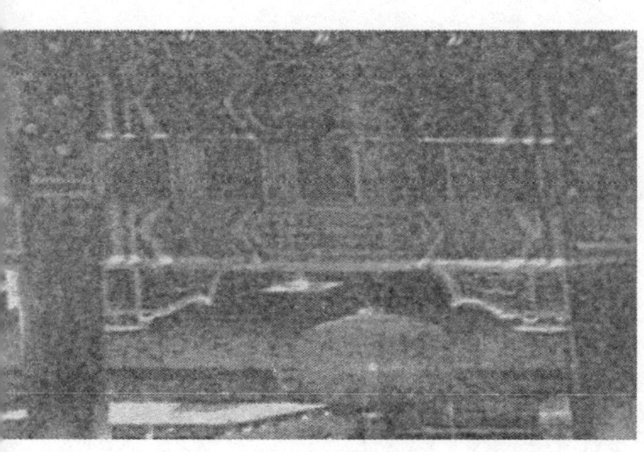

吉林出版集团有限责任公司
吉林文史出版社

图书在版编目（CIP）数据

中华饮食老字号 / 李井慧编著 . 一长春：吉林出版集团有限责任公司：吉林文史出版社，2009.12 (2022.1 重印)

(中国文化知识读本)

ISBN 978-7-5463-1284-2

Ⅰ . ①中… Ⅱ . ①李… Ⅲ . ①饮食业 - 商业企业 - 简介 - 中国 Ⅳ . ① F719.3

中国版本图书馆 CIP 数据核字 (2009) 第 223043 号

中华饮食老字号

ZHONGHUA YINSHI LAOZIHAO

主编/ 金开诚 编著/李井慧

责任编辑/曹恒 崔博华 责任校对/王明智

装帧设计/曹恒 摄影/金诚 图片整理/董昕瑜

出版发行/吉林文史出版社 吉林出版集团有限责任公司

地址/长春市人民大街4646号 邮编/130021

电话/0431-86037503 传真/0431-86037589

印刷 / 三河市金兆印刷装订有限公司

版次 /2009 年 12 月第 1 版 2022 年 1 月第 4 次印刷

开本/650mm×960mm 1/16

印张/8 字数/30千

书号/ ISBN 978-7-5463-1284-2

定价/34.80元

关于《中国文化知识读本》

文化是一种社会现象，是人类物质文明和精神文明有机融合的产物；同时又是一种历史现象，是社会的历史沉积。当今世界，随着经济全球化进程的加快，人们也越来越重视本民族的文化。我们只有加强对本民族文化的继承和创新，才能更好地弘扬民族精神，增强民族凝聚力。历史经验告诉我们，任何一个民族要想屹立于世界民族之林，必须具有自尊、自信、自强的民族意识。文化是维系一个民族生存和发展的强大动力。一个民族的存在依赖文化，文化的解体就是一个民族的消亡。

随着我国综合国力的日益强大，广大民众对重塑民族自尊心和自豪感的愿望日益迫切。作为民族大家庭中的一员，将源远流长、博大精深的中国文化继承并传播给广大群众，特别是青年一代，是我们出版人义不容辞的责任。

《中国文化知识读本》是由吉林出版集团有限责任公司和吉林文史出版社组织国内知名专家学者编写的一套旨在传播中华五千年优秀传统文化，提高全民文化修养的大型知识读本。该书在深入挖掘和整理中华优秀传统文化成果的同时，结合社会发展，注入了时代精神。书中优美生动的文字、简明通俗的语言、图文并茂的形式，把中国文化中的物态文化、制度文化、行为文化、精神文化等知识要点全面展示给读者。点点滴滴的文化知识仿佛繁星，组成了灿烂辉煌的中国文化的天穹。

希望本书能为弘扬中华五千年优秀传统文化、增强各民族团结、构建社会主义和谐社会尽一份绵薄之力，也坚信我们的中华民族一定能够早日实现伟大复兴！

目录

一 特色饭庄

（一）北京东来顺

东来顺饭庄是北京饮食业老字号中享有盛誉的一个历史名店，东来顺的品牌，经过一百多年的发展，如今已成为京华饮食菜系中的标志性品牌和享誉海内外的“中国驰名商标”。

东来顺饭庄以经营涮羊肉而久负盛名，多年来一直保持选料精、加工细、作料全、火力旺等特点。羊肉只选用内蒙古自治区锡林郭勒盟所产的经过阉割的优质小尾黑头绵羊的上脑、大三岔、小三岔、磨档、黄瓜条五个部位。切出的肉片更以薄、匀、齐、美著称，500克肉可切20厘米长8厘米宽的肉片80到100片，每片仅重4.5克，且片片对折，

北京王府井步行街老字号——东来顺饭庄

东来顺饭庄以涮羊肉最为有名

纹理清晰，“薄如纸、匀如晶、齐如线、美如花”，投入海米口蘑汤中一涮就熟，吃起来又香又嫩，不膻不腻。涮羊肉时用的作料包括芝麻酱、绍酒、酱豆腐、腌韭菜花、卤虾油、酱油、辣椒油及葱花、香菜等，集香、咸、辣、卤、糟、鲜等多种口味为一体，加上自制的白皮糖蒜和芝麻烧饼，吃起来醇香味厚，口感独特。饭庄在数十年前率先使用的涮肉火锅身高膛大，容炭多而不飞灰，底部的铁箅子粗而疏，易于通风供氧，保证炭火始终硬旺。除涮肉外，饭庄还经营多种清真炒菜，其代表菜品有干爆羊肉、烤羊肉串、它似蜜、鸡茸银耳、烤羊腿、白汤杂碎、手抓羊肉、炸羊尾及烤鸭等二百余种，此外，奶油炸糕、核桃酪等风味小吃也颇有特色。

东来顺的创始人是一个名叫丁德山的回民。1903年，他在东安市场里摆摊出售羊肉杂面和荞麦面切糕，以后又增添了贴饼子和粥。由于生意日渐兴隆，他便取“来自京东，一切顺利”的意思，正式挂起了“东来顺粥摊”的招牌。1914年增添了爆、烤、涮羊肉和炒菜，同时把店名更改为“东来顺羊肉馆”，又想方设法用高报酬“挖”来前门外正阳楼饭庄的一位名厨帮工传艺，从而使东来顺的羊肉刀工精湛，切出后铺

涮肉肥牛

在青花瓷盘里，盘上的花纹透过肉片隐约可见。到二十世纪三四十年代，东来顺的涮羊肉已经驰名京城，每年旺季销出的羊肉在五万公斤以上；1942 年，东来顺的竞争对手正阳楼倒闭，东来顺从此首屈一指，独占鳌头；1989 年该店的涮羊肉荣获商业部系统优质产品金鼎奖；1994 年在首届全国清真烹饪技术竞赛中，又被认定为清真名牌风味食品。从此以后，东来顺始终致力于维护清真餐饮习俗，在继承发扬中华传统饮食文化精华的基础上不断创新，开发出了涮、炒、爆、烤四大系列多个品种的美味佳肴，集中展现了中华美食文化中“盛情”“典雅”“精美”“奇

碳火锅涮羊肉是东来顺的保留品种

异”“华贵”的独特风味和民族风情，尤其以“一菜成席”而驰名中外的东来顺涮羊肉，更是将美食、美味、美器、美好的服务合为一体，给到过东来顺的宾客留下了难以忘怀的美好记忆。

现在，东来顺的涮羊肉更是声名远播，它不仅融汇着中华民族传统饮食文化的精髓，也成为向世界展示中华民族饮食文化独特风采和多样性的一个亮丽窗口。东来顺饭庄不仅成为普通群众品尝清真风味佳肴的就餐场所，也是社会名流荟萃的风雅之地，同时还经常承担党和国家领导人宴请外国元首、政要的任务，并为国家开展

东来顺涮火锅声名远扬

外交活动和增进与世界人民的友谊做出过不小的贡献。著名作家老舍和夫人胡洁青，国画大师齐白石，京剧大师马连良、张君秋等前辈名人，生前经常在东来顺宴请宾朋，并为东来顺留下墨宝。党和国家领导人周恩来、邓小平、叶剑英、陈毅等，生前也多次在东来顺设宴招待外国元首和政要。

百年老店东来顺饭庄

东来顺以其百年历史和独树一帜的清真餐饮文化以及享誉全国的东来顺品牌，成为中国饮食文化中名副其实的老字号。

（二）北京都一处

提起都一处的烧卖，北京城无人不晓。都一处烧卖馆坐落在繁华的前门大街36号，始建于乾隆三年（公元1738年），距今已有二百五十多年的历史，是一个有着悠久历史的中华老字号。

烧卖是我国民间的传统食品，又称烧麦、肖米、稍麦、稍梅、烧梅、鬼蓬头（形容顶端蓬松束折如花的形状），是一种以烫面为皮，裹馅上笼蒸熟的面食小吃。烧卖源起元大都，在中国土生土长，历史相当悠久。现在中国南北方都有，在江苏、浙江、广东、广西一带，人们把它叫做烧

北京都一处的烧卖远近闻名

卖，而在北京等地则将它称为烧麦。都一处的烧卖可谓一绝，其形如石榴，洁白晶莹，馅多皮薄，醇香可口。

都一处起初叫“王记酒铺”，由山西人王瑞福创办。关于“都一处”牌匾的来历，还有一段传奇的故事。据说在乾隆十七年（公元 1752 年），乾隆皇帝到通州私访，回京城时走进永定门，来到前门一带。这一天正是农历大年三十，当时天色已经很晚了，老百姓都带着齐备的年货，从四面八方赶回家吃团圆饭。店铺早已关门，只有王瑞福开的这家酒铺仍然在开门营业，于是乾隆皇帝三个人便走进了这家酒铺。

王瑞福一看这三位客人衣帽整洁，仪表不俗，又从衣着表情上猜出他们是一主二仆的身份。王瑞福凭着十几年经营酒铺的经验，连忙把三位客人让到楼上，把店中的洋酒“佛手露”和酒铺自制的几样拿手凉菜“糟肉”“凉肉”“马莲肉”一齐端上桌来，亲自为三人斟酒，并站在一旁伺候。三个人喝完酒，尝过菜以后，其中一位客人问店家：“你这小店叫什么名字？”王瑞福赶忙回答：“小店没有名字。”这位客人听见此时楼外鞭炮齐鸣，想到家家户户已在欢度新春，便生出几分感慨，感激地说：“这个时候还开门营业，京都只有你们这一处了，就叫‘都一处’吧。”

都一处的烧卖做工非常讲究

在北京都一处外排队的人们

王瑞福当时听了并没太在意，可没过几天，几个太监送来了一块“都一处”的虎头匾，并对王瑞福说，这块匾是当朝皇帝御笔赏赐的，大年三十晚上来吃饭的三位客人中，主人打扮的就是当今皇上。王瑞福听完连忙朝天叩拜，立即将匾挂在进门最显眼的地方。从此，“王记酒铺”便改名叫“都一处”了。

“都一处”自从乾隆赐匾后，生意非常兴隆，除了酒类和凉菜，又新添加了数十种炒菜以及烧卖、炸三角、饺子、馅饼等面食。许多人争相来此观看御匾，用餐后都要在御匾前合影留念，这种盛况一直延续到现在。曾经有人做诗赞曰：“都城老铺烧麦王，一块黄匾赐辉煌。处地临街多贵客，鲜香味美共来尝。”短短二十八个字，把“都一处”的历史，经营特色，所制烧卖的鲜、香、味、美，都一一说出来了，最后两句还告诉大家：“都一处”临街开店，交通方便，号召大家都来品尝“都一处”的品牌食品——烧卖。

随着时光的流逝，都一处经历了多次变迁。近年来，该店在继承传统美味的基础上不断创新，吸引着广大中外宾客，以其“名店、名点、人文、民俗文化”向世人展示着百年老店的崭新风貌。

（三）北京鸿宾楼

鸿宾楼饭庄创建于清朝咸丰三年（1853年），至今已有一百五十多年的历史，鸿宾楼是以《礼记》中的“鸿来宾”定名的，它原址在天津，以经营清真风味菜为特色。1955年应周总理之邀入京，以其独特的菜品享誉京城，被社会各界誉为“京城清真餐饮第一楼”，“聚会天下鸿宾满楼，誉载京华脍炙人口”。

鸿宾楼有“清真三绝”，第一绝就是全羊席。鸿宾楼开业之初，门口悬挂两块铜匾，其中之一就是全羊大菜也就是全羊席。到了光绪年间，鸿宾楼的全羊菜已被饮食界公认。据说，慈禧太后出宫巡游时，曾经点名要吃鸿宾楼的全羊大菜。后来，慈禧六十大寿时，宫内以鸿宾楼的一百零八道全羊席为其祝寿。全羊席不仅烹饪技法独到，饮食口味丰富，最过人之处是其丰厚的文化内涵。全羊席菜以不见一个“羊”字而冠名，如望风坡、龙门角、蜜肥糕、焦溜脆、灯笼鼓、鞭打绣球、夜明珠……都是一些好听的菜名，这是遵循伊斯兰教规和穆斯林的生活习俗，使物得美

北京老字号鸿宾楼内景

名的一种饮食文化传统。

笃法制菜可以说是鸿宾楼的独家做法。所谓笃法，就是用小火烧煮使原料入味的烹调方法，因烹制时锅内有咕嘟的声音，由此借声而得名。鸿宾楼老辈名厨汲取津门普遍流行的烧、炖、扒三法的精粹，进京后结合北京人口味的特点研制出这种方法。用笃法烹制的菜肴色泽金黄红亮、口味鲜香醇厚、质地滑油松软、形状整齐美观，食后盘中只微有油汁而无芡、汤。鸿宾楼还有一道头牌看家菜——砂锅羊头，羊头在清真餐馆里算不上什么高档原料，而在鸿宾楼几代厨师努力下却能制成众口皆赞

鸿宾楼门脸

鸿宾楼创建于1853年，至今已有一百五十多年的历史

的风味名馔。这道传统名菜一端上桌面，人们便觉得一股香气迎面而来。尝一尝汤中软烂的羊头肉、绵润的鱼肚和脆嫩的鱼骨，确是鲜美醇香，回味无穷。

关于鸿宾楼还有许多奇闻轶事，其中最著名的就是鸿宾楼的金匾里藏着“三迷”。这块金匾由清代两榜进士于泽久题写，用六百二十五克黄金铸造，这也是京城老字号中唯一的一块金匾。不过，这块匾最吸引人的地方，不仅是黄金铸造，而是匾中的“三谜”。第一谜: 两榜进士于泽久在匾中写了“错别字”，繁体字的“鸿”字，右边繁体的鸟

鸿宾楼匾额

字下边应是四点底，但匾中“鸟”字却是三点底，这是为什么呢？有人说是借用了三点水下边的一点，这么有名的文人为什么要写错别字呢？第二谜: 金匾上下无款，这在名家为商号所写牌匾中是十分罕见的。第三谜更具有神秘色彩：1998 年秋，鸿宾楼迁至展览馆路 11 号现址时，店家将这块金匾送到荣宝斋见新。打开这块百年老匾时，从底板中竟然发现了一幅不知何人所画何人珍藏于其中的工笔画——牡丹美人图，作画时间是宣统年间。宣统皇帝在位时间只有三年，以宣统年间为标注留传后世的作品非常少。金匾藏“娇”之谜令人费解，匾中上下无款更是扑朔迷离。

中国大文豪郭沫若生前常在鸿宾楼宴请贵宾，并曾留有一首“藏头诗”：“鸿宾来时风送暖，宾朋满座劝加餐。楼头赤帜红于火，好汉从来不畏难。”四句诗的头一个字，组成了“鸿宾楼好”，可见其对鸿宾楼的称赞和鸿宾楼的名不虚传。鸿宾楼在历史上,曾接待过清直隶总督荣禄、爱国将领张学良、张自忠；1949 年后，曾接待过国家领导人以及重要外宾。鸿宾楼饭庄作为“中华老字号”，正如 1983 年爱新觉罗·溥杰先生为鸿宾楼题字所写的那样：琢楼一处名天下，妙艺八方飨鸿宾。

（四）北京八大居

北京城里的饭庄按规模分为堂、庄、居、斋等，居与堂最大的区别在于只办宴席，不办堂会，因此相对规模较小，是古代一般官员或进京赶考举人的落脚之地。清末民初就开始扬名的北京八大居，即是如此。北京八大居包括：福兴居、万兴居、同兴居、东兴居、万福居、广和居、同和居、砂锅居，是值得一提的北京老字号。

北京八大居中又以砂锅居和广和居最为有名。砂锅居饭庄位于北京繁华的西四南大街路东，它开业于清乾隆年间，至今已有两

砂锅居名肴——水晶肘子

砂锅居美食——砂锅吊子

百多年的历史了。砂锅居自从开业以来，直到民国年间，一直是营业半日，到中午十二时就停止营业。这也算是京城饭庄中的一个特例，所以北京城流传着一句歇后语“砂锅居买卖——过午不候”。砂锅居真正“过午不候”的原因，是它的“货”做不出来。砂锅居卖的白肉，是头天晚上宰杀一口百十斤重的“京东鞭猪”，拾掇干净后，连夜放在一口直径四尺、深三尺的大铁锅中煮，第二天早晨正好熟透，八点开始营业，一上午就卖光了。由于一天只能卖一口猪，所以只能“过午不候”了。这一罕见的经营方式，却起到了无形中的广告宣传作用。

砂锅居饭庄经营的风味菜肴，全以猪肉为原料，厨师们擅用烧、燎、白煮等技法，因材施艺。一口猪从皮到肉从头至尾，乃至心、肝、肺、肚、肠等，可烹制出数十种菜品，如砂锅三白（砂锅白肉、砂锅白肠、砂锅白肚）、筒子肉、糊肘、芝麻丸子、凤眼肝、炸肥肠、炸鹿尾等。特别是砂锅三白，汤味浓厚、肉质鲜嫩、肥而不腻、瘦而不柴，形成了该店传统特色。当年的大砂锅如今已被数不清的小砂锅取代，以砂锅白肉为龙头的砂锅系列菜吸引着中外各界人士，人们皆以能品尝到砂锅居的风味菜而为乐事。白煮

砂锅居招牌菜——九转肥肠

同和居大厅的装饰既古朴又现代

是砂锅居最富特色的烹调技法。将刮洗干净、去异味、去污沫后的猪肉、内脏放入一次放足清水的砂锅内，旺火烧开，微火慢煮（汤沸而不腾），脂肪溶于汤中，汤味浓厚，肉质酥嫩香烂，蘸着用酱油、蒜泥、韭菜花、辣椒油、豆腐乳、香油等调好的味汁食之，美味无穷。

广和居坐落在宣武门外菜市口附近的北半截胡同南口路东，是一套大四合院，临街三间房，南头半间为门洞，门洞正对院内南房的西北墙，墙上有砖刻的招牌，权当影壁。院内各房，都分成大小房间，个人独饮、三五小酌、正式宴会，各得其所。据《道咸以来朝野杂记》载："广和居在北半截胡同路东，历史最悠久，盖自道光中即有此馆，专为宣(武门)南士大夫设也。其肴品以炒腰花、潘氏青蒸鱼、四川辣鱼粉皮、清蒸干贝等，脍炙人口。故其他虽隘窄，屋宇甚低，而食客趋之若鹜焉。"

广和居最有名的是它的"三不粘"和"清宫它似蜜"。"三不粘"外形呈软稠流体状，似糕非糕，似羹非羹，用匙舀食时，它一不粘匙，二不粘盘，三不粘牙，清爽利口，因此而得名。"三不粘"用鸡蛋黄加工烹制而成，

同和居
同和居

广和居的“三不粘”

成菜色泽艳黄，绵软柔润，入口香甜。“它似蜜”始于清朝末年，原出自清宫御膳房。据说，有一次御厨用最嫩的羊里脊肉，给慈禧太后精心做了一道菜。慈禧太后食后觉得特别软嫩香甜，便召来厨师询问这个菜叫什么名字。厨师不敢贸然回答，就请慈禧太后赐名。慈禧太后顺口说了声“它似蜜一样甜”。于是“它似蜜”就成了这个菜的名称。“它似蜜”后来流传到民间，成为北京清真馆中的一道名菜。

二 面食类

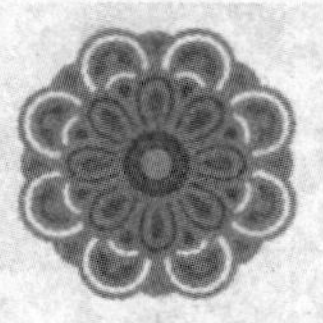

到天津不吃狗不理包子是旅游者的遗憾

（一）天津狗不理

“狗不理”是百年中华老字号，狗不理包子是闻名全国的天津特色风味小吃，位居“天津三绝”食品之首，被消费者誉为“津门老字号，中华第一包”。天津人常常说：“到天津来如果不吃狗不理包子，等于没来天津。”由这句话足见狗不理包子的名气。

狗不理包子色、香、味俱全，风味独特，之所以比一般的包子好吃，关键在于它用料精细、制作讲究。狗不理包子调馅很讲究，完全是用炖得极浓厚的骨头汤调馅，包子馅也选择精细，而且肥瘦搭配比例按照季节有所不同，冬天肥的较多，夏季肥的较少，春秋肥瘦各一半，这样的馅就不会肥腻，软嫩爽口。狗不理包子的制作也有严格的规格限制，包子馅切得细而匀，再用浓汤拌匀，用葱姜调味；发面不能太老，包子皮要擀得薄而带劲。包子馅不冒顶，不漏油。特别是外观精美，包子褶花匀称，每个包子都不少于十五个褶，一两面包三个，大小相同。刚出屉的包子，色白面柔，大小一致，底面薄厚相同，看上去如薄雾之中含苞待放的秋菊，爽眼舒心，咬一口，油水汪汪，香而不腻，味道十分鲜美。

狗不理包子的名称是有一定的来历的。

每个狗不理包子都不少于十五个褶

清代咸丰年间，河北武清县杨村有一个叫高贵友的年轻人，他出生的时候父亲已经四十多岁了，可以说是老来得子，自然非常疼惜这个儿子。为了让儿子能够好养活，于是给他取了一个乳名为“狗子”。狗子14岁到天津学艺，在天津南运河边上的刘家蒸吃铺做小伙计。由于狗子聪明伶俐又勤奋好学，再有师傅们的精心指点，他做包子的手艺不断长进，很快就有了名气。后来，高贵友精通了做包子的各种手艺，就自己开办了一家专卖包子的小吃部——德聚号。高贵友手艺好，做包子货真价实，从不掺假，制作的包子口感柔软，鲜香不腻，

狗不理包子的来历十分有趣

狗不理包子曾被作为贡品献给慈禧太后

形状像菊花，色、香、味、形都独具特色，附近十里百里的人都慕名来吃包子，生意十分兴隆。由于来吃他包子的人越来越多，高贵友忙得顾不上跟顾客说话，这样一来，吃包子的人都戏说他“狗子卖包子，不理人。”久而久之，人们喊顺了嘴，都叫他“狗不理”，把他经营的包子称作“狗不理包子”，而原店铺字号则渐渐被人们淡忘了。

据说，袁世凯任直隶总督在天津编练新军时，为了奉承慈禧太后，曾经把狗不理包子作为贡品进京献给慈禧太后。慈禧太后品尝后非常高兴，

狗不理包子饭店内景

随口说道："山中走兽云中雁，陆地牛羊海底鲜，不及狗不理香矣，食之长寿也。"从此，狗不理包子名声大振，逐渐在许多地方开设了分号。

狗不理包子铺到现在已有一百多年历史了，狗不理的名号越来越响亮，生意也越来越兴隆。现在，狗不理作为中华老字号，不仅接待国内的八方来客，还接待过一批又一批国外游者。

（二）山东周村烧饼

大酥烧饼是山东省淄博市周村的特色小吃，至今已有一千八百多年的历史。据《资治通鉴》记载，汉桓帝延熹三年（公元160

山东周村烧饼

年）就有贩卖胡饼，即芝麻烧饼的人流落北海（今山东境内）。所以，周村烧饼是历史悠久的中华老字号。

周村人一般称当地的大酥烧饼为“香酥烧饼”或“大酥烧饼”等，周村烧饼以薄、香、酥、脆著称，以小麦粉、白砂糖、芝麻仁为原料，用传统工艺精工制作而成，是纯手工制品，营养丰富，老少皆宜。烧饼外形圆而色黄，正面贴满芝麻仁，背面有很多酥孔，薄得像杨树，入嘴即碎，满口香气，如果不小心落在地上，就会成为碎片，因此俗称“瓜拉叶子烧饼”。烧饼有咸甜味之分，甜的香甜可口，经常吃都不会厌烦；咸的让人食欲

山东周村烧饼采用印花纸包装，久藏不变质

大开，不忍心放下。如果细分，有甜、五香、奶油、海鲜、麻辣、新鲜蔬菜等多个系列品种。蔬菜系列产品新鲜蔬菜含量很高，营养丰富，口味纯正。周村烧饼还具有不油污、长久储藏不变色、不变味、容易携带等特点，是旅游充饥和馈赠亲友的佳品。

按照当前普遍的说法，周村烧饼起源于汉代的“胡饼”，至今已经有一千八百多年的生产历史。据史料记载，明朝中叶，周村商贾云集，多种小吃应时而生，“胡饼炉”此时传入周村，当地饮食店的师傅结合焦饼薄、香、脆的特点，加以改进，创造出脍炙人口的大酥烧饼，这就是当今周村烧饼的雏形。

周村烧饼现在具有薄、香、酥、脆的特点是一个名叫郭云龙的人改进的。郭师傅之前的烧饼都是很厚的。有一次，郭师傅在烤制当初厚厚的大酥烧饼时，偶然发现饼上面鼓起来的部分薄而香脆，加上芝麻，吃起来香而不腻。于是他大胆尝试烤制新品，果然受到大家喜爱。于是，便推广开来。1880 年以后，“聚合斋”烧饼老店，即郭家烧饼店，首先使用纸包装，最终产品大都用印花纸包装，久藏不变质，所以沿袭至今。

清末皇室曾经多次把周村烧饼作为贡品，使周村烧饼闻名天下。当时山东省著名

清末皇室曾屡次调贡周村烧饼，这让周村烧饼名满天下

狗不理

山东周村烧饼天下

商号“八大祥”也专门成箱定购周村大酥烧饼发往埠外，作为馈送佳品。1951年前后，周村人民也曾经以周村烧饼为礼品，慰问抗美援朝前线的中国人民志愿军将士。现在，周村烧饼以其厚重的文化底蕴，良好的品质而成为山东省优质产品、中华名小吃，在中国饮食中占有一席之地。

三　糕点类

（一）北京稻香村

北京稻香村创建于 1895 年，是国家商务部首批认定的中华老字号，素有“糕点泰斗、饼业至尊”的美誉。每年的元宵节端午节、中秋节，北京人都会去稻香村买元宵、粽子和月饼，而此时稻香村的门前总是站满了排队的人，成为北京的一道风景。稻香村是北京的中华老字号，主要卖的却是南味食品，而且在竞争激烈的北京饮食行业中经久不衰。

稻香村经营有自己传统特色的茶食糕点二十二大类，一百三十多个品种，其中常年品种七十个，时令品种六十多个，时令品种随四时八节时令变化而变换，获奖

稻香村牌匾

稻香村食品

名牌产品十个。常年供应的著名茶食糕点有:猪油松子枣泥麻饼、杏仁酥、葱油桃酥、薄脆饼、洋钱饼、猪油松子酥、哈喱酥、豆沙饼、耳朵饼、袜底酥、玉带酥、鲜肉饺、盘香酥、牛皮糖，交切片等。著名的时令茶食糕点，春季有杏麻饼、酒酿饼、白糖雪饼、荤雪饼、春饼等；夏季有薄荷糕、印糕、茯苓糕、马蹄糕、蒸蛋糕、荤素绿豆糕、冰雪酥、夏酥糖、酸梅汁等；秋季有如意酥、巧果、佛手酥、各式苏式酥皮饼；冬季有核桃酥、酥皮八件等。同时，稻香村还生产糖果、野味、炒货、青盐蜜饯和西式糖果、饼干、罐头食品、乳品、饮料等。所以走进稻香村的门店，

稻香村糕点包装精美

不仅能看到精细考究的各式糕点、新鲜的熟肉、用豆制品做成的几十种全素宫廷菜、各种干果炒货，还有在别处难得一见的江米酒酿、年糕、炒红果等传统美食。

稻香村的糕点不但应时新鲜、味形并重，而且用料和制作工艺都十分讲究，据说制作糕点的核桃仁要用山西汾阳的，因为那里的核桃仁色白肉厚，香味浓郁，嚼在嘴里甜；玫瑰花要用京西妙峰山的，因为那里的玫瑰花花大瓣厚，气味芬芳，而且必须是在太阳没出来时带着露水采摘下来的；龙眼要用福建莆田的；火腿要用浙江金华的等等。做工讲究“凭眼”“凭手”，

各式各样的稻香村点心

例如熬糖何时可以端走全凭师傅的经验，早一分钟没到火候，晚一分钟火候又过了，这就是所谓的“凭眼”；“凭手”则是指将熬好的糖剪成各种形状，全是手工活儿。

稻香村原是长江中下游地区食品店常见的名字，为什么取名“稻香村”，有许多不同的说法，一种说法认为出自《红楼梦》，因为“稻香村”是《红楼梦》大观园中一处建筑的名字，是李纨守寡居住的地方，环境非常清幽。还有一种富有传奇色彩的说法，相传数百年前，江浙一带有一家卖熟食的小店，生意很不好。有一天晚上，小店里忽然来了一个讨饭的瘸腿汉子，老板见他残疾可

稻香村京八件

怜，就送了一些东西给他吃，又见天色已晚，便在店内一个角落里铺上稻草，留他住宿。第二天早上，瘸腿汉子不辞而别，老板便把他睡过的稻草拿去烧火，没想到煮出的肉香味扑鼻。于是他大肆宣扬，说这个瘸子是“八仙”之一的铁拐李来到了人间，还将店名改为“稻香村”。从此，他的生意逐渐兴旺，“稻香村”这一字号也被人争相使用。1895 年，一个叫郭玉生的南京人带着几个精通南味食品制作工艺的伙计来到北京，在北京开创了第一家生产经营南味食品的糕点店，并用了“稻香村”这个名字，这就是现在北京稻香村的前身。

稻香村也是许多文化名人经常光顾的地方。有一次，冰心吴文藻夫妇来到店里，买了一些熟食和南糖，店伙计包好算账时，冰心夫妇才发现身上没有带钱。伙计跑上二楼请出了掌柜的。老掌柜一见是熟人，满脸笑意，忙说：“东西您先拿去用，下次来一块算就行了！”多少年之后，冰心老人回忆起这件事情时，仍然对稻香村的诚信赞不绝口。1912 年 5 月，鲁迅先生来到北京，住在宣武区南半截胡同的绍兴会馆，这里离观音寺稻香村仅有两三里路。据《鲁迅日记》记载，从1913年到1915年短短两年多的时间里，鲁迅先生到稻香村买东西的次数就有十五次。

（二）太原双合成

双合成是著名的中华老字号，山西食品业的著名品牌，以生产糕点而著称。经过一百多年的发展，形成了“中国味道、山西特色、双合成特质”的食品文化，在国内外享有很高的声誉。

双合成创立于1898年，即清末光绪二十四年。当时，法国人正在中国动工修建正太铁路，河北省保定市夏家庄人李洛金、

双合成店面

张于端趁此机会，在铁路附近做贩卖熟鸡、熟鸭的小生意。后来，两人移到石家庄，在这里开了一家店铺，取“两人合办必能成功”的意思，字号定为“双合成”，生意很兴隆。不久，李洛金、张于端两人发生矛盾，分别开设“双合成”和“双合兴”两家店铺。民国元年，李洛金到太原开设分店，仍用“双合成”这个名字，这时的双合成只经营水果、罐头、盒装饼干等食品。民国十八年，双合成迁到太原柳巷 53 号，并且请当时著名书法家孙焕仑先生题写了黑底金字的“双合成”牌匾，开始自产自销月饼等点心，经过几代人的努力，终于

双合成月饼

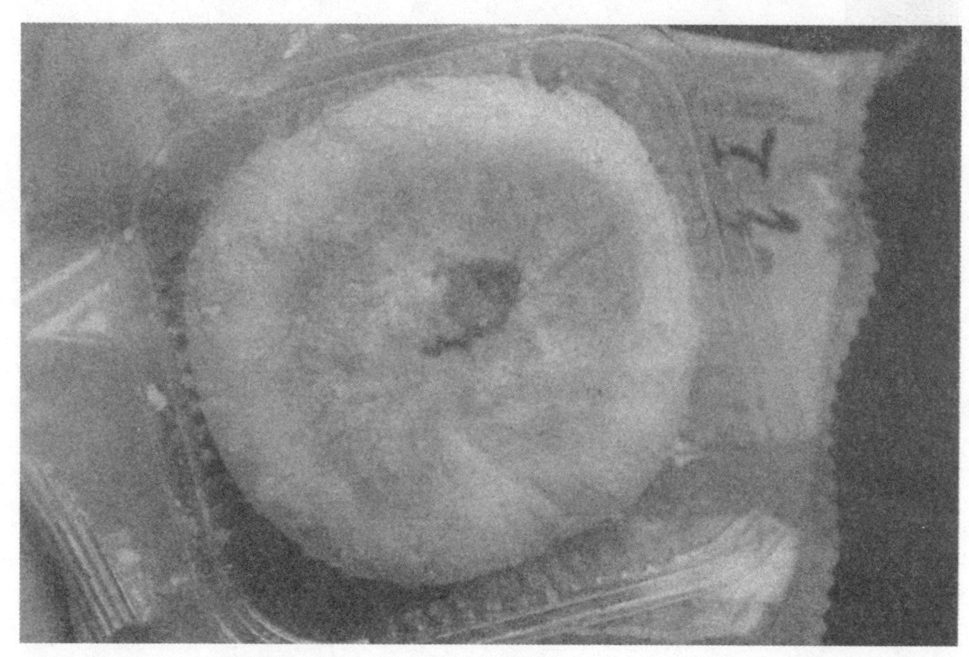

双合成桂花馅贵妃红点心

发展为今天的双合成。

双合成一直以生产“晋饼”著称，双合成郭杜林晋式月饼尤为出名。此月饼波纹清晰，外观油亮，入口香馨，食之酥软，回味绵长，是晋式月饼的典型代表。关于双合成郭杜林晋式月饼的由来，还有一个有趣的故事。很久以前，太原的一家糕点铺有郭姓、杜姓、林姓三个师徒，有一天，师徒三人一起喝酒，越喝越起劲，最后都喝多了，结果耽误了大事，使和好的饼面发酵了。他们害怕店铺的主人责怪，就想了一个办法，往发酵的饼面中掺和生面，并加碱、油、糖等作料。让人意想不到的是，竟然制作出了口味独特

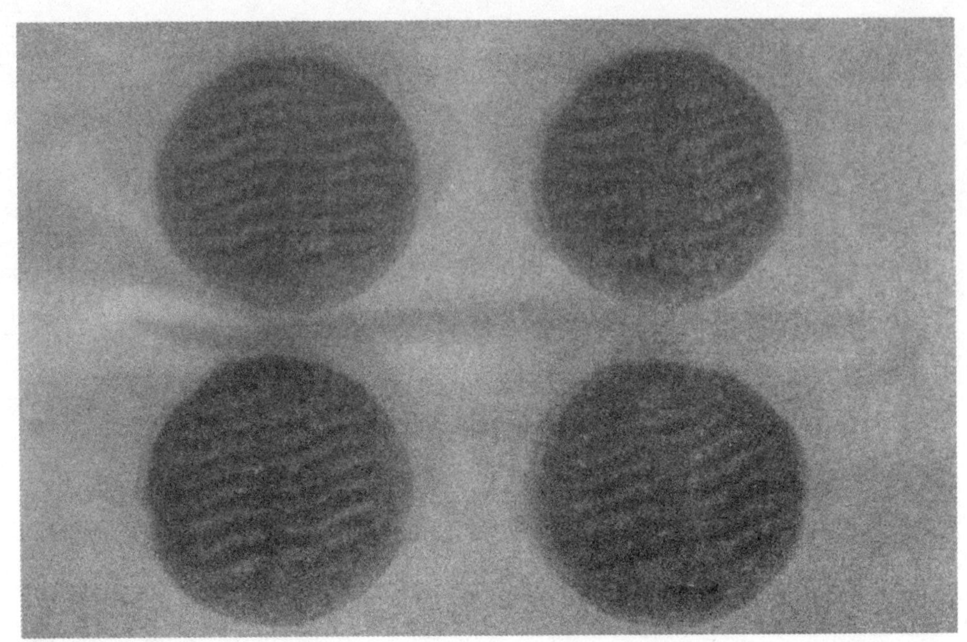
郭杜林晋式月饼

的包馅饼,深受老百姓欢迎,生意越来越好。从此以后,这种包馅饼就成为太原、晋中一带的中秋佳品。后来,人们为了纪念这师徒三人,就把这种包馅饼称为“郭杜林”。

现在,郭杜林月饼研究开发出中式系列、西式系列、娘家系列、感恩月饼系列、喜庆系列、文化主题系列六大产品类别,被国务院批准为国家级非物质文化遗产保护项目,拥有了“国饼”的桂冠,填补了山西没有国饼的空白,从而也使郭杜林晋式月饼走向全国,走向世界,形成了南有“广式”月饼、北有“晋式”月饼的国饼新格局。

今天,太原双合成在太原市有二十多

个分店，全省有一百多个销售网点，产品还销售到上海、北京、郑州、石家庄、内蒙古、西安等地，成为山西最大的烘焙食品生产品牌。

（三）天津桂发祥十八街麻花

麻花是中国传统食品，种类多样，其中天津桂发祥的麻花最为出名。天津桂发祥十八街麻花，是与狗不理包子、耳朵眼炸糕并称的“天津三绝”食品之一，桂发祥麻花是什锦夹馅麻花，其特点是香、酥、脆、甜，在干燥通风处放置数月不走味、不绵软、不变质。来天津旅游的国内外宾客，临走时都要带上几盒麻花，送给亲朋好友。

桂发祥麻花店面

桂发祥十八街麻花所有原料均采自国内最佳产地

一百多年前，在天津卫海河西侧，繁华的小白楼南端，有一条名叫十八街的巷子，巷子里有一个麻花铺。这个麻花店的主人名叫刘老八，是一个非常精明的生意人，为了让自己的麻花独具特色，生意兴隆，他在麻花的配料、工艺、口感与外形上都颇费了一番心思，最终研制出了什锦大麻花。他选的麻花的主料是面粉、花生油和白糖，又加了桂花、青梅等十几种小料。制作过程需要发肥、熬糖、配料、制馅、和面、压条、劈条、对条、成型和炸制十道工序。麻花由十根细条组成，在白条和麻条中间夹一条含有桂花、糖姜片、桃仁、瓜条等多种小料的酥馅，拧成三个花，成

中华老字号桂发祥

天津桂发祥麻花

为什锦夹馅大麻花。在炸制的过程中，根据面粉质量调整油酥大小，根据气温高低变化增减肥、碱剂量，保证投料配比。最后把麻花放进花生油锅里在微火上炸透，再夹上冰糖块，撒上青红丝、瓜条等小料。麻花酥脆香甜，胜似酥糖，很快受到人们的认可，刘老八的生意也越来越红火，名声越来越大，以至天津城没有人不知道。又因为这个麻花铺在东楼十八街，所以人们就叫它“十八街麻花”。

后来，十八街麻花由刘老八的两个徒弟范桂才和范桂林接手。他们兄弟俩

天津桂发祥麻花的特点是香、酥、脆、甜

天津桂发祥麻花用料讲究

分别开了“桂发祥”和“桂发成”两家麻花店，由于弟兄俩相互竞争，间接使得麻花的质量日臻完善，形成了自己独特的风味。后两家麻花铺合并，正式定名为“桂发祥”，保持和发展了什锦麻花的传统制作技艺，使十八街麻花远近驰名，成为著名的风味小吃。

桂发祥麻花参加过国内食品展会，并屡获大奖，这样，许多外国人都知道中国天津有这么一道美食，只要到天津来，一定要见识见识这出了名的大麻花，尝过桂发祥的麻花之后，往往还得再买一些带回去让亲朋好友也尝尝。于是，包装精美的桂发祥什锦麻花又成为馈赠亲朋好友的佳品。

天津古文化街十八街麻花

如今的桂发祥集团除了制作传统什锦麻花外，还开发出黑芝麻、红果、椒盐等多种口味的小颗麻花，以及麻花球、麻花条等新品种，并创建了“艾伦”品牌，其开发生产出的艾伦西式甜点、中式宫廷点心、艾伦蛋糕、面包、干红葡萄酒、海鲜豆及节令食品——传统元宵、月饼等，也同样受到百姓们的喜爱。桂发祥十八街麻花作为天津代表性特产已经在北京、上海等省市建立销售网络，并作为民族经典食品远销美国、澳大利亚。

四 肉类

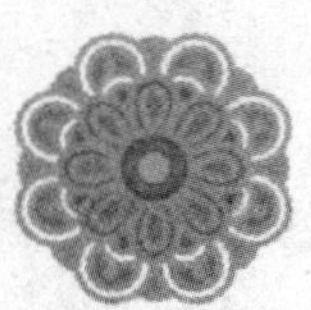

北京天福号

（一）北京天福号

天福号的酱肘子、酱肉是北京人的餐桌上必不可少的一道美食，天福号的酱肘子、酱肉肥而不腻，瘦而不柴，浓香醇厚，在北京城独树一帜，经久不衰，是久负盛名的中华老字号。

关于天福号的来历，还有一个有趣的故事。乾隆三年（公元 1738 年），山东地区出现旱灾，掖县人刘凤翔领着孙子带着做酱肉的手艺到北京谋生。他与一个山西商人合伙开了一家酱肉铺，经营酱肘子、酱肉和酱肚等，生意不错，但店铺一直没有名号。有一天，刘凤翔到市场进货，在旧货摊上看见一块旧匾，上面写着“天福号”三个颜体楷书，笔锋苍劲、有力。刘凤翔认为这三个字有“上天赐福”的意思，很吉利，可以用作字号来招揽生意，就买了下来，回家粉漆装饰以后悬挂在店铺门上。这块牌匾果然使小店非常气派，从此，很多文人墨客常常停留在小店前品评“天福号”三个字的书法，顾客越来越多，小店的生意越来越兴隆。从此，“天福号”就成了这个肉铺的字号，并且在北京城传开了。

天福号酱肘子

天福号特色产品酱肘子的来历，也有一个传奇故事。以前的肉铺都是晚上制作，白天出售。有一天晚上，刘凤翔让孙子刘抵明看守锅灶煮肘子，没想到刘抵明看着看着竟然睡着了，肘子煮过了火，全都粘在了锅里。两个人忙到天亮，才勉强把肘子从锅里捞出来。恰巧那一天，宫里的一个宦官来天福号买肘子，刘凤翔就卖给了他一些。不料，那位宦官尝了之后连声夸奖好吃，说与平时的味道不同，又酥又嫩，不腻口不塞牙，口味香绵。刘凤翔非常高兴，就按照那天的做法

天福号所产酱肘花成为皇宫帝妃御用食品之一

专心研究，什么时间用什么样的火，什么时间加汤加料，经过一段时间的摸索，终于总结出一套独特的制作方法，并在选料、加工上越来越严格，酱肘子的质量也越来越好，名气也越来越大。

天福号酱肘子选料十分严格，只用京东八县的猪，那里水土好，养的猪黑毛，耷拉耳朵，成熟期为十一个月左右，肉比较瓷实。做肘子只用猪的前脚，一个肘子能有五六斤，配制老汤的辅料花椒、桂皮、生姜等要产地固定、新鲜整齐；生产工艺一丝不苟，精工细作。在配料和掐汤上很讲究，肘子进锅煮一个小时后开始掐汤，这就需要能随时掌握火候；此外就是收汁出锅，虽然叫酱肘子，可没有一点酱或酱油，肘子上的色是糖色。出锅时要让皮贴在肉上，提拉起来不碎不散，肥而不腻，瘦而不柴，到口酥嫩，堪称食中极品。

据说当时慈禧太后特别喜欢吃天福号的酱肘子，让天福号天天给宫里送肘子，还专门发了进宫的腰牌，也就是通行证，这样天福号的酱肘子就成了贡品。根据史料记载，慈禧太后六十大寿的时

“全聚德”享誉中外

候，筵席上各种菜肴都已经准备整齐，只是缺了天福号酱肘子，御膳房马上派人快马去取。天福号酱肘子在清宫内也备受后妃们的喜爱，光绪帝的瑾妃平时是个吃素的人，不吃肉，但也经不住天福号酱肘子色、香、味的诱惑。

除了清代宫廷以外，天福号的食品也受到演艺界人士的青睐。京剧艺术大师梅兰芳、叶盛兰、袁世海等，都喜爱天福号的肉制品。

凭借悠久的历史、独具特色的口味，天福号已经是香飘中国的老字号。

（二）北京全聚德

“不到万里长城非好汉，不吃全聚德烤

北京王府井步行街老字号全聚德牌匾

鸭真遗憾！”这句话形象鲜明地表达了全聚德烤鸭在人们心中的地位。全聚德作为著名的中华老字号，被誉为“中华第一吃”，周恩来总理曾经多次把全聚德“全鸭席”选为国宴。

全聚德创立于1864年，创始人是杨全仁。他初到北京时主要做鸡鸭买卖，每天到肉市上卖鸡鸭时，都要经过一个名叫“德聚全”的干果铺，这里生意并不好。到了1864年，这家干果铺已经濒于倒闭。此时，精明的杨全仁抓住这个机会，用自己所有的积蓄买下了这家干果铺来经营烤鸭。为了使自己的生意能够红火，杨全仁还请了

历经几次重大的历史变革，“全聚德”获得了长足的发展

一个风水先生给店铺重新取一个名字。在风水先生的建议下，杨全仁把“全聚德”作为烤鸭店的店名，还请了一个擅长书法的名叫钱子龙的秀才在牌匾上题了“全聚德”三个大字悬挂在门楣上。从此，全聚德的生意蒸蒸日上。

全聚德烤鸭采用挂炉、明火烧果木的方法烤制而成，时间为四十五分钟左右。其成品特点是：刚烤出的鸭子皮质酥脆，肉质鲜嫩，飘逸着果木的清香。鸭体形态丰盈饱满，全身呈均匀的枣红色，油光润泽，赏心悦目。再配以荷叶饼、葱、酱一起吃，腴美醇厚，回味不尽。全聚德烤鸭的原料是北京填鸭，北京填鸭品种好，体形丰满，肌肉细嫩，有脂肪层，再加上精湛的烤制技术，使全聚德烤鸭赢得了“京师美馔，莫妙于鸭”的美誉。

吃烤鸭是有一定的讲究的，这与吃烤鸡、扒鸡不同。真正吃烤鸭的季节，应该是在春、秋、冬三个季节。因为春冬季节鸭肉肥嫩，而秋季秋高气爽，温度、湿度都最适宜于制作烤鸭。夏天空气湿度大，

“全聚德”始建于 1864 年

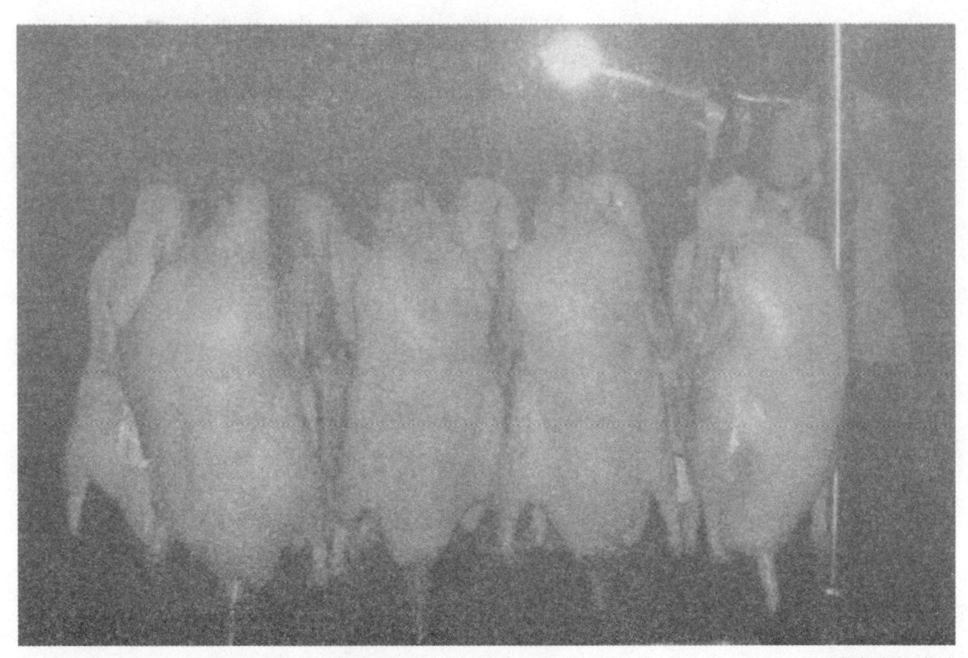

香喷喷的烤鸭

人们本来就不喜欢吃油腻的东西，鸭坯上也常会湿漉漉的，这样烤出来的鸭子，鸭皮不松脆，味道不好。烤鸭的片法也是很有讲究的，烤鸭现片现吃，吃到嘴里，皮是酥的，肉是嫩的，最为鲜美。全聚德片鸭的方法有三种，一种是杏仁片，这是最传统的片法，片好的鸭肉如杏仁；另一种片法如柳叶条；还有一种是皮肉分吃，鸭皮酥脆香，鸭肉薄而不碎。

其次，吃鸭肉要配有一定的作料。一般有三种作料，一种是甜面酱加葱条，可再配有黄瓜条、萝卜条等；一种是蒜泥加酱油，也可配萝卜条等，蒜泥可以解油腻，烤鸭蘸着蒜泥吃，在鲜香之中，更增添了一丝辣意，风味更为独特，不少顾客特别喜欢这种作料；第三种是白糖，女士和儿童比较喜欢这种吃法。最后是主食，在全聚德，主食主要有荷叶饼和空心芝麻烧饼。将片好的鸭子蘸上甜面酱，卷荷叶饼吃是最传统的吃法。全聚德的荷叶饼饼面没有糊点和生白点，用手拿起来，对着光线照一下，饼薄厚均匀，放在盘中，可以清楚看见盘子上的“全聚德”标识。空心芝麻烧饼可以“中餐西吃”，在烧饼上放一层鸭肉，像吃鸭肉汉堡一样。

全聚德除了特色烤鸭外，“全鸭菜”

烤鸭切片装盘

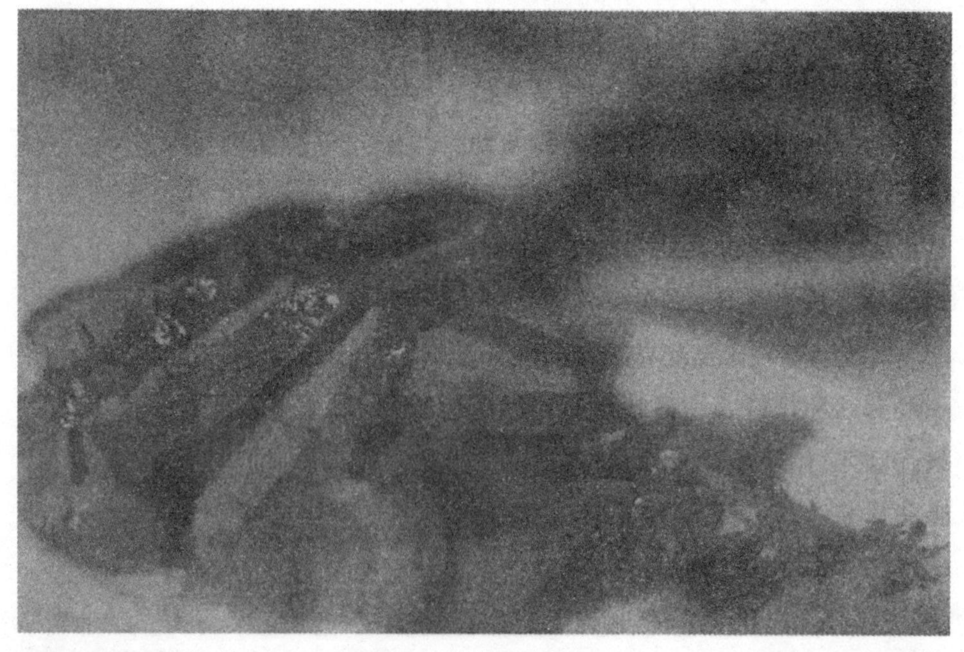

也很有名。除了传统的炸胗肝、鸭丝烹掐菜、鸭油蛋羹之外，全聚德卖的凉菜还有芥末鸭掌、卤水鸭胗、盐水鸭肝等。一只鸭可以“四吃”，一吃鸭肉；二将片烤鸭时流在盘子里的鸭油做成鸭油蛋羹；第三吃是将烤鸭片皮后较肥的部分片下切成丝，回炉做鸭丝烹掐菜；第四吃是将片鸭后剩下的鸭架，加冬瓜或白菜熬成糟骨鸭汤，这种汤鲜香味美，营养极高。

这就是风靡中华的全聚德，位居京城烤鸭之首，以其百吃不厌的特色烤鸭吸引着八方来客。

北京王府井大街老字号全聚德烤鸭店

（三）德州扒鸡

山东省德州市位于黄河下游，山东省的西北部，是山东省的北大门。德州在历史上就是京杭大运河的重要码头，素有“九达通衢，神京门户”的美誉。这里人杰地灵，物产富饶，当地所产的德州扒鸡更是闻名天下。德州扒鸡号称“扒鸡鼻祖”，古有“德州一奇”，近有“中华第一鸡”的美誉。德州扒鸡造型美观，五香透骨，肉质鲜嫩，营养丰富，美味可口，可以说是中华美食家园中的极品。

有三百多年历史的德州扒鸡，全名为德州五香脱骨扒鸡，由烧鸡演变而来，创始人是一位名为韩世功的老先生。他总结韩家世代做鸡的经验，对传统的工艺与配方进行改进，制作过程中添加了多味健脾开胃的中药,又结合传统制作烧鸡、扒鸡的经验，揉进了炸、熏、卤、烧的方法，既考虑了当地习俗,又兼顾了南北口味,经多次试制,制作出具有独特风味的“五香脱骨扒鸡”。因为在制作过程中,加入了多种药材烧制,所以称“五香”，扒鸡熟后提起鸡腿一抖，肉骨就自行分离，所以称之为“脱骨”。五香脱骨扒鸡炸得匀，焖得烂，香气足，并且能久存不变质，所以很快在市场上受到欢迎，社会上也习惯把韩世功先生称为

山东历史传统名吃——五香脱骨扒鸡

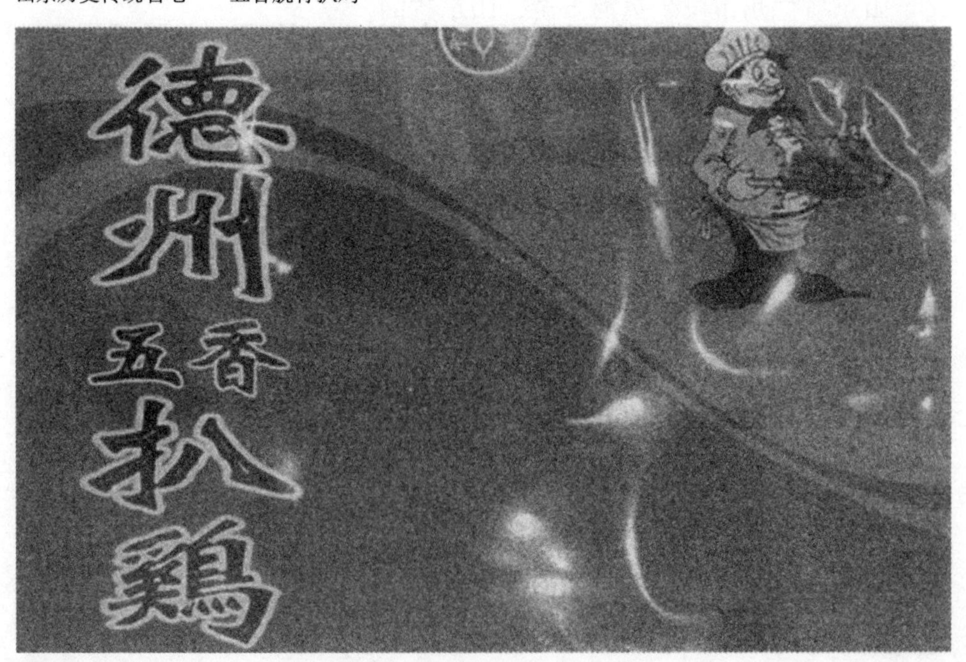

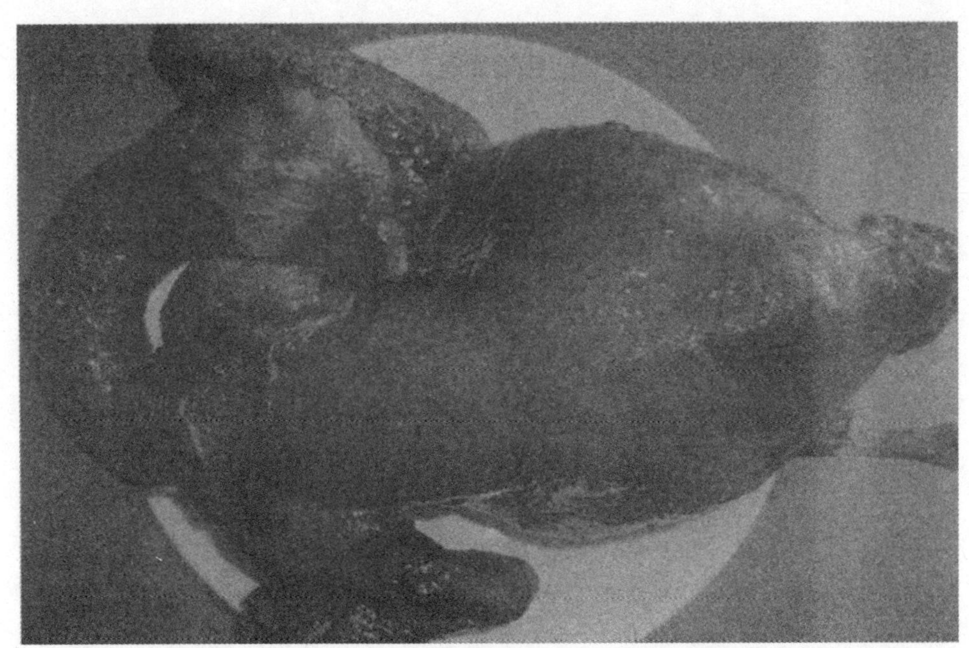

据传乾隆年间德州扒鸡就誉满全国，被列为山东贡品之一

第一代扒鸡制作大师。据说康熙皇帝南巡途中曾经住在德州，品尝了五香脱骨扒鸡后非常高兴，亲笔题了一个匾额“寒绿堂”赠给德州扒鸡。从此，德州扒鸡就成为朝廷的贡品。尤其是津浦铁路通车后，德州扒鸡的名声也随着旅客的尝食，盛名远播南北，成为北方整鸡卤制的特色名吃。

德州扒鸡能够历经百年不衰，首先是选料上的严格要求。制作扒鸡使用的毛鸡必须是鲜活健壮的，而运输过程中挤压死掉的一律不能用。其次是制作工艺十分精细，制作德州扒鸡采取传统的烧、熏、酥、炸、卤等多种工艺，其生产过程是：将健康的活鸡宰

山东德州传统风味菜肴——德州扒鸡

杀、沥血、褪毛、掏净内脏，加工成白条鸡；然后将鸡双腿盘起，双爪插入腹部，两翅从嘴中交叉而出，盘为坐姿，口衔双翅；凉透，周身涂匀糖色，用沸油烹炸，一直到鸡身呈金黄色时捞出；再按照鸡的老嫩排入锅内，加入食盐、酱油、原锅老汤及丁香、肉蔻等作料，分别用急火和文火炖6—8小时，起锅凉透就是成品了。这样制出的扒鸡，外形完整美观，色泽金黄透红，肉质松软适口，并具有开胃、补肾、助消化的作用。

德州扒鸡扬名中国大江南北，途经德州的旅客，都慕名购买品尝，所以也留下

相传德州扒鸡由烧鸡演变而来

“德州扒鸡”原名“德州五香脱骨扒鸡”

德州扒鸡

了很多趣闻佳话。20世纪40年代，老舍先生购买德州扒鸡后，见其外形普通，但吃后味透肌里，又见其颜色棕红，有铁骨铮铮之状，所以戏称它为“铁公鸡”；1995年，中国著名书画家王超先生途经德州品尝德州扒鸡后，兴致勃发，当场题写了“江北第一家”的牌匾；著名笑星侯耀华到德州演出，吃完扒鸡后赞不绝口，连声说“名不虚传，确实好吃”。

德州扒鸡名扬天下，不仅丰富了中华美食，而且远销世界各地，在1992年奥运会时，还被作为指定礼品送往巴塞罗那。

五 酱菜类

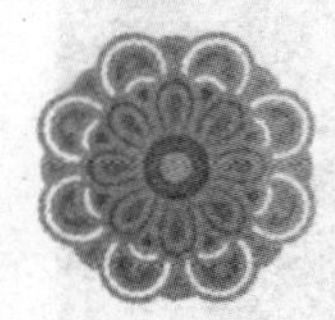

六必居最出名的是它的酱菜

（一）六必居

中国人有吃酱菜的习惯，中国人腌制的酱菜世界闻名，而北京六必居的酱菜又在中国酱菜业中独占鳌头，是驰名中外的老字号。六必居腌制的酱菜不但是京城许多家庭的必备小菜，也是国宴上必备的名小菜之一，到北京出差、探亲、访友的人们都免不了带回六必居的酱菜，送给亲朋好友品尝。

六必居的酱菜至今已经有四百多年的历史，关于“六必居”店名的来历，民间流传着很多说法。一种说法认为六必居原是山西临汾西社村人赵存仁、赵存义、赵存礼兄弟开办的小店铺，专卖柴米油盐酱醋。赵氏兄弟的小店铺，因为不卖茶，就起名为六必居。另一种说法认为六必居最初开业由六个人合开，委托当时书法不错的大奸臣严嵩题匾。严嵩提笔便写了“六心居”这三个字。但又仔细一想，有“六心”怎么能合作呢，就在“心”上加了一撇，便成了今天的“六必居”。还有一种说法认为六必居开始是个酒铺，在酿酒过程中提出了“黍稻必齐，曲种必实，湛之必洁，陶瓷必良，火候必得，水泉必香”六点制

六必居酱菜

酒要求，即选料、下料、工艺、设备、时间、泉水等要具备“六个必需”，所以起名为“六必居”。现在大多数人比较认同后一种说法。

六必居是北京酱园中历史最久、声誉最显著的一家。六必居的酱菜色、香、味俱全，特别是稀黄酱、铺淋酱油、甜酱萝卜、甜酱黄瓜、甜酱甘螺、甜酱黑菜、甜酱仓瓜、甜酱八宝菜、甜酱什香菜、甜酱瓜、白糖蒜等传统产品，色泽鲜亮，酱味浓郁，脆嫩清香，咸甜适度，在清朝曾经被宫内定为御用小菜，清朝宫廷还赐给六必居一顶红缨帽和一件黄马褂。

六必居的酱菜选料精细、精工细作、工艺独特。酱菜的原料都有固定的产地，其中

北京六必居酱园在酱菜业首屈一指

的黄豆选自河北丰润县马驹桥和通州永乐店，这两个地方的黄豆饱满、色黄、油性大。白面选自京西涞水县的一等小麦，这种小麦黏性大，六必居自行加工成细白面，这种白面适宜制甜面酱。所用的黄瓜，必须精选北京大兴产的鲜嫩黄瓜，要六根共五百克，须“顶花带刺”，还得“条顺”，再用五百克自制的面酱，先腌制后酱制，冬季要十天左右的时间方制成一罐“六必居”甜酱黄瓜。

六必居制作酱菜，有一套严格的操作程序，比如制作黄酱，首先把上好的黄豆用温水浸泡，泡透后上屉蒸熟，然后拌上面粉用碾子碾碎，再放进模子里，盖上块干净布，人站上去光着脚踩。待踩实后，从模子里倒出，拉成条，切成块，用锡箔包好封严，码放在木架上。待其发酵后，要不断地用刷子刷去锡箔上生出来的白毛，二十天以后，便制成了酱料。把酱料放进大缸，放盐、水和作料把酱料泡软，还要定时用工具上下翻动，促使其再发酵，要经过一个伏天，黄酱才能制成，这便是有名的伏酱。六必居用这样的酱制出的酱菜，味道自然好吃，保证了六必居酱菜的质量。

六必居腌制的酱菜不但是京城许多家庭的必备小菜，也是国宴上不可或缺的名小菜之一

六必居酱园

六必居令人垂涎欲滴的酱菜不仅在北京城家喻户晓，而且销售遍及东北、西北、华北、江南等地，产品远销日本、澳大利亚、新加坡、泰国、加拿大、美国及欧洲等十几个国家和地区。

（二）玉川居

天津的玉川居酱菜是有八十多年历史的中华老字号，是天津市唯一生产酱菜的国有专业性加工企业，与北京的六必居齐名，深受天津人的喜爱，在全国也享有很高的声誉。

玉川居酱菜产品继承和发扬了传统的酱菜工艺配方，拥有精干的专业技术人员

六必居是全国闻名的老字号

六必居腌制的酱菜

玉川酱菜风味独特，深受百姓喜爱

和现代化的生产设备，做工精细，质地优良，色、香、味俱全，口感脆嫩，甜咸适口，主要产品有天然甜面酱、蒜蓉辣酱、涮羊肉调料、各种瓶装酱菜和各种酸甜辣小菜、番茄酱、糖蒜等共计六十多个品种。这些酱菜的酱味浓郁，鲜嫩馨香，咸甜适口，色泽好看，都是广大百姓喜爱的品种。

一直以来，玉川居的酱菜是天津人餐桌上必不可少的一道风味小菜。

六 调味品类

（一）北京王致和

我国调味食品生产历史悠久，酱和醋等调味品早在两千多年前就由我们的祖先发明了，在两千多年的发展过程中，也形成了很多老字号，北京的王致和就是其中有名的老字号之一。王致和以生产酿造调味品为主，产品有酱、酱油、食醋、腐乳、料酒、日式咖喱卤及其他复合调味料几大类百余种，而最为有名的还是王致和臭豆腐。

在北京城有这样一句顺口溜："窝窝头就臭豆腐，吃起来没个够。"王致和臭豆腐是老北京的传统佳肴，至今已有三百

北京王致和

王致和臭豆腐

多年的历史。王致和臭豆腐是豆腐乳的一种，颜色呈青色，是北京特殊风味中的名品，臭中有奇香是它的特色。创始人王致和是清康熙八年安徽仙源县的举人，当时进京赶考，连连失利。为了维持生活，开始做豆腐生意。有一次，做出的豆腐没有卖完，当时正是夏季，为了不让豆腐变坏，他把豆腐切成四方形的小块，再配上盐、花椒等作料，放在一口小缸里腌上。之后，他慢慢淡忘了这件事情，一直到秋季，他才突然想起来，当他打开那缸豆腐时，臭气扑鼻，豆腐已经变成了青色的。王致和尝了一口，觉得风味独特，于是又送给邻居们品尝，大家都说出奇的香，

王致和臭豆腐风味独特，令人欲罢不能

一时间传遍了整个北京城。清末，王致和臭豆腐传入宫廷御膳房，成为慈禧太后的一道日常小菜，慈禧太后赐名为“青方”。

“王致和南酱园”这六个字分为两块匾，分别由清末状元孙家鼐、鲁琪兴书写。孙家鼐还写了两幅藏头对：“致君美味传千里，和我天机养寸心”；“酱配龙蟠调芍药，园开鸡跖钟芙蓉”。冠顶横读为“致和酱园”。

王致和臭豆腐以优质黄豆为原料，经过泡豆、磨浆、滤浆、点卤、前发酵、腌制、后发酵等多道工序制成。其中腌制是关键，盐量和作料的多少将直接影响臭豆腐的质量，盐多了，豆腐不臭；盐少了，易造成腐乳的糟烂甚至腐败。王致和臭豆腐臭中有奇香，是缘于一种产生蛋白酶的霉菌分解了蛋白质，形成了极丰富的氨基酸，使味道变得非常鲜美，臭味主要是蛋白质在分解过程中产生了硫化氢气体所造成的。另外，因腌制时用的是黄浆水、凉水、盐水等，使成型豆腐块经后期发酵后呈豆青色。

王致和臭豆腐可以说是小吃家族中的极品，臭豆腐的“臭”，是一种沁人心脾的醇香的臭味，更确切地说，那是一种香臭。如果再加入些香油、炸花椒油之类的作料，那味道就更加的香了，这也是臭豆腐如此受到人们喜爱的原因之一。

经过几代人的不懈努力，今天的王致和继承和发展了传统的制作豆腐乳的工艺，成为地道的中华老字号。王致和的产品具有细、腻、松、软、香的特点，同时富有营养，受到人们的喜爱。三百多年来，王致和产品特色风味一直没有变，种类却越来越丰富。现在已经有青方、红方、白方三大类二十多个品种的王致和腐乳，其品牌不仅享誉国内市场，而且还走出国门，

王致和产品

走向了世界。

（二）广州致美斋

俗话说：“食在广州。”广州菜之所以驰名海内外，除精心选料和独特的制作技巧外，还与别有风味的调味品紧密相关。而在众多的调味品之中，致美斋是最有名的。致美斋在清朝就已经是我国四大名酱园之一，有近四百年的历史，与北京“六必居”、上海“冠生园”、长沙“九如斋”齐名，是家喻户晓的老字号，在海外也久负盛名。

致美斋酱园的创始人是清代的一个八旗子弟刘守庵，他凭借八旗子弟的特殊身份，便于购买豆、粮及盐等原料，看准酱

致美斋产品

致美斋

料调味行业发展的前景，办起了致美斋酱园。致美斋铺址设在广州有名的城隍庙前，地居闹市，加上老板经营头脑灵活，生意也越来越兴旺。在清嘉庆年间，致美斋酱园在广州就已经很有名气了。

致美斋的产品都有其特有的名称，“小磨麻油”“添丁甜醋”“天顶抽”等特色产品与其招牌“致美斋”一起，风靡于世。以前，在致美斋门口正右边，总看见一对石磨在缓缓转动，流出金黄色的麻油和咖啡色的麻酱，散发出阵阵的扑鼻浓香，加上酱油的醇香、猪脚姜的醋香、凉果的甜香，致美斋的产品如“添丁甜醋”，还是广州产妇的必

致美斋店内

需品，大多数孕妇，都去致美斋购买这种醋，以备一时之需。

致美斋调味品在选料和制作上都较为讲究。如小磨麻油一定用饱满纯正的芝麻，添丁甜醋一定选用立秋前的嫩姜作姜胆，嘉味油榄一定选用增城乌榄。操作时严格把好质量关，如制作天顶抽时，要求味鲜、色浓、体凝、醇香，操作规程一丝不苟。

致美斋的产品除传统名牌的酱油、小磨麻油、甜醋外，还有各种调味酱、调味粉和南北酱菜。此外，致美斋酱园还经营各地风味特色的酱菜和调味品，商品的包装也美观大方，不仅在国内畅销，而且还出口东南亚和北美地区。

七　酒类

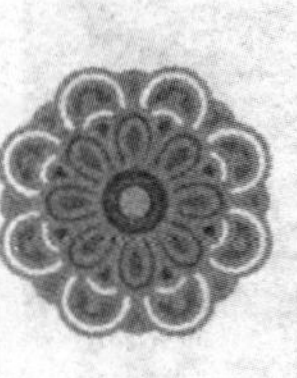

（一）贵州茅台酒

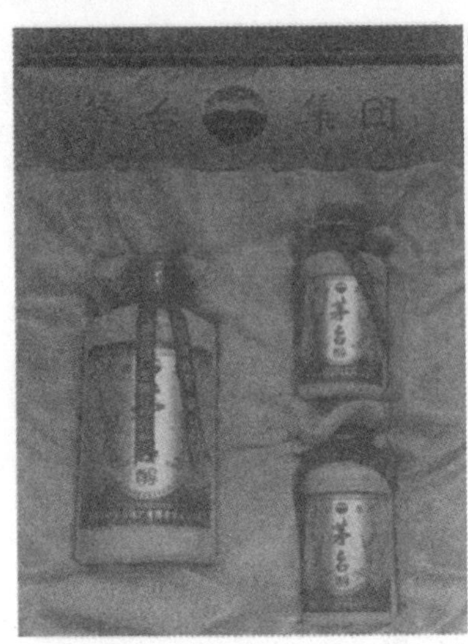
茅台酒是大曲酱香型白酒的鼻祖

中国的酒，品种之多、产量之丰，皆堪称世界之冠。在中国众多的名酒中，茅台酒以其悠久的历史、独特的酿造工艺和深厚的文化积淀而位居榜首，成为中国名副其实的“国酒”。

茅台酒是中国酱香型白酒的鼻祖，具有色清透明、醇香馥郁、入口绵软、清冽甘爽、回香持久的特点。其酒质晶亮透明，微有黄色，酱香突出，令人陶醉。敞杯不饮，香气扑鼻；开怀畅饮，满口生香；饮后空杯，留香持久。茅台酒液纯净透明、醇馥幽郁的特点，是由酱香、窖底香、醇甜三大特殊风味融合而成，现已知香气组成成分多达三百多种，有人赞美它有“风味隔壁三家醉，雨后开瓶十里芳”的魅力。

茅台酒独产于中国的贵州省遵义县仁怀市茅台镇，茅台镇独特的气候、水质条件加之茅台酒的传统制作方法，才能酿造出这精美绝伦的好酒，是其他地方无法仿制的。茅台酒至今已有八百多年的历史，是与苏格兰威士忌、法国科涅克白兰地齐名的三大蒸馏名酒之一，是大曲酱香型白酒的鼻祖。茅台酒有着神秘悠久的历史，

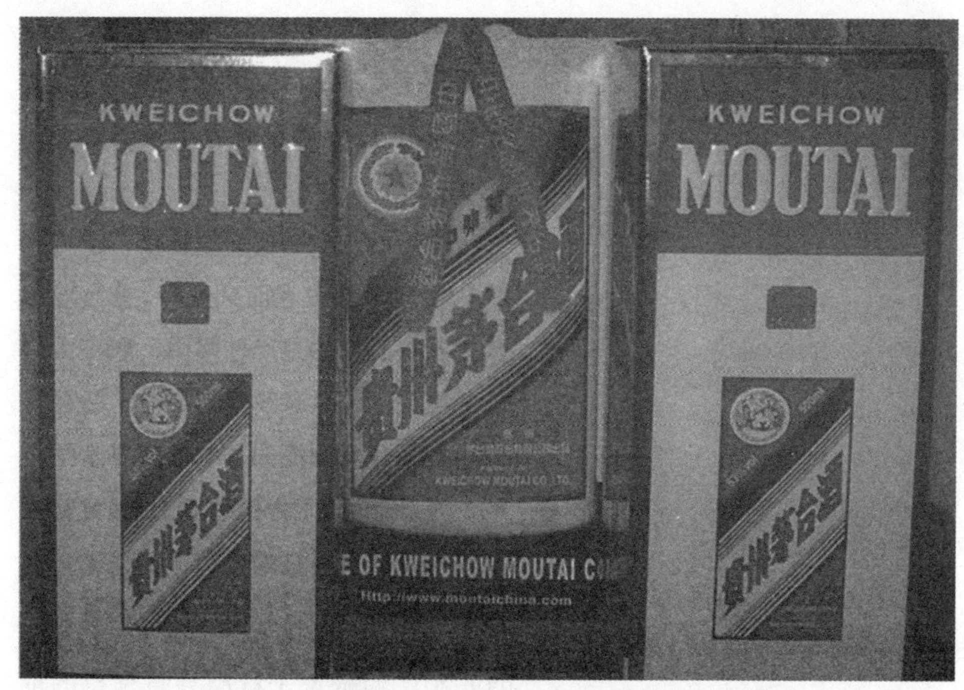

茅台酒是中国的国酒，拥有悠久的历史

自古以来，无数的文人墨客、仁人志士向往茅台、赞美茅台，把饮茅台酒作为一种美的享受。茅台酒的每一个细小的“侧面”都有着丰富的人文历史故事，有着深厚的文化底蕴和人文价值，它作为一个文化符号，以醉人的芳香让世界了解自己的同时，也将中华酒文化的魅力和韵味淋漓尽致地展示给了世界，让世界了解了中国和中国文化。

茅台镇开设正规作坊开始于何时还没有明确的考证，在茅台现存最早的明代《邬氏族谱》扉页所绘家族住址地形图的标注中已有酿酒作坊。族谱所载邬氏是明代万历二十七年（1599年）随李化龙平定动乱后定居茅台的，这说明茅台早在1599年前就有了酿酒的正规作坊。

茅台酒的酿制技术被称作“千古一绝”，生产工艺古老而又独特，是当地历代酒师在长期的生产过程中，顺应大自然的变化而创造和积累起来的，是独特的自然条件和酿酒的基本原理科学结合的典范，既继承了古代酿酒工艺的精华，又闪烁着现代科技的光彩。如果说茅台酒具有独特的地域和特殊的原料是自然天成之作，那

迄今，中国驻外大使馆设宴仍规定茅台酒上桌

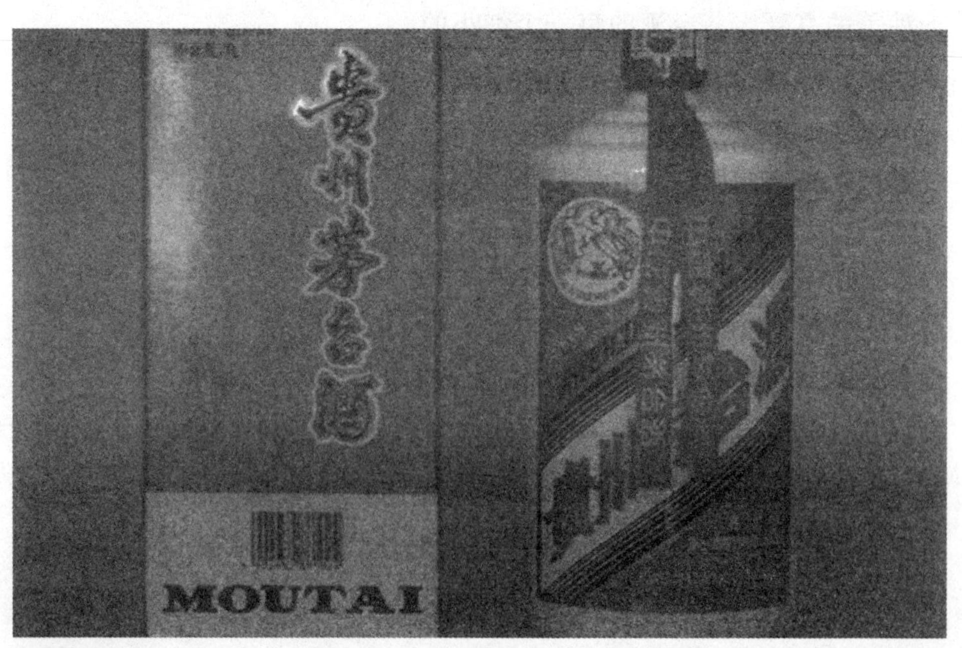

茅台酒已成为中国文化的一张名片

么茅台酒独特的酿造工艺就是能工巧匠之妙，有其独特巧妙的工艺内涵。茅台酒生产周期七个月，蒸出的酒入库贮存四年以上，再与贮存四十年、三十年、二十年、十年、八年、五年的陈酿酒混合勾兑，最后经过化验、品尝，再装瓶出厂销售。酒度低而不淡，色微黄晶莹，口感柔绵醇厚，既不刺喉，又不上头。

1915 年，茅台酒荣获巴拿马万国博览会金奖，享誉全球；先后十四次荣获国际金奖，蝉联历届国家名酒评比金奖，畅销世界各地。在中国第一、二、三、四届全国评酒会上被

著名的绍兴花雕酒

评为国家名酒，并荣获金盾奖章。1949年的开国大典前，周恩来确定茅台酒为开国大典国宴用酒，从此每年国庆招待会均指定用茅台酒。

今天，茅台酒作为中华老字号，不仅成为规格最高、彰显高贵的国宴酒、外交礼仪酒，而且成为中国民间弥足珍贵的上乘佳品，在中国乃至世界都享有尊贵而崇高的地位。

（二）绍兴女儿红

在中国众多的名酒中，有一种陈年佳酿，叫做女儿红。女儿红产自绍兴，绍兴是驰名中外的黄酒之乡，黄酒代表着中国的传统文化。绍兴花雕酒是黄酒的精华，而女儿红则为绍兴花雕酒锦上添花，备受世人青睐。这不仅因为它色泽晶莹、醇香醉人，更因为它体现了中国良好的民间风俗，用女儿红酒陪女出嫁的民俗广为流传。此外，女儿红还美在一个“红”字，红在中国是喜庆和吉祥的象征，所以女儿红的美名家喻户晓，闻名海外。

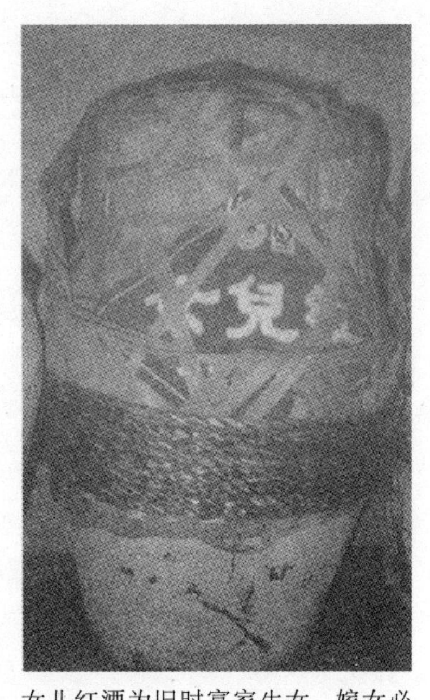
女儿红酒为旧时富家生女、嫁女必备之物

绍兴女儿红，又名花雕酒，中国晋代上虞人稽含的《南方草木状》记载：“女儿酒为旧时富家生女、嫁女必备之物。”关于“女儿红”这一酒名的由来，还有一个美丽的民间传说。很久以前，绍兴有个裁缝师傅，妻子怀孕以后，他喜出望外，认为一定是个男孩。他想等到儿子降生时一定要庆祝一下，特意请了有名的酿酒师酿了几坛好酒，准备款待亲朋好友。事与愿违，妻子生了一个女儿，裁缝非常失望，酿好的酒也不请人喝了，都埋在了后院的桂花树底下。裁缝的女儿长大后，生得眉清目秀、聪明伶俐，不仅把裁缝的手艺都学得精通，还学会了绣花，裁缝店的生意也因此越来越兴旺。裁缝非常高兴，觉得生个女儿也不错，决定把女儿嫁给自己最得意的徒弟。成亲那天摆酒请客时，裁缝师傅忽然想起了十几年前埋在桂花树下的几坛酒，于是挖出来请客。一打开酒坛，香气扑鼻，色浓味醇，喝后回味无穷。于是，大家就把这种酒叫“女儿红”，又称“女儿酒”。从此，左邻右舍，远远近近的人家生了女儿时，都酿酒埋藏，嫁女时就挖出酒来请客，形成了一种风俗。到后来，连生男孩子也酿酒、埋酒，希望儿子中状元时庆贺饮用，所以这酒又叫“状元红”。“女儿红”“状元红”都是经过长期储藏的陈年老酒。这酒越陈越香，据说可以香飘十里，因此，人们都把这种酒当作名贵的礼品。

女儿红酒主要呈琥珀色，即橙色，透明澄澈，纯净可爱，有诱人的馥郁芳香，

陈年佳酿的女儿红酒据说可以香飘十里

女儿红酒有着独特的文化内涵

而且往往随着时间的久远而更为浓烈，是一种具甜、酸、苦、辛、鲜、涩六味于一体的丰满酒体，加上有极高的营养价值，因而形成了澄、香、醇、柔、绵、爽兼备的综合风格。女儿红以优质糯米、曲麦作原料，取鉴湖冬季湖心之水酿造，酒中富含二十多种氨基成分，营养极高，每天适量饮用，既活血又养身。

女儿红从诞生之日起，就以其独特的文化内涵吸引了广大文艺工作者以“女儿红”为题裁，创作了许多关于女儿红的艺术作品。1994 年由香港寰亚集团投资、著名导演谢晋之子谢衍执导的电影《女儿红》，在女儿红酿酒有限公司举行开机仪式，该片由著名作

女儿红酒具有很高的营养价值

家沈贻伟编剧，汇集了中国台湾的归亚蕾、中国香港的顾美华、中国内地的周迅等明星，描述了从20世纪30年代到80年代末三代酿酒人的悲欢离合。此片在海内外播出后，大大提高了女儿红品牌的知名度。由杭州电视台拍摄的电视艺术片《女儿红》，以其独特的视角描写了江南水乡的浓浓风情。该片被列入全国“五个一”工程项目，并于1996年春节在中央电视台播出。舞蹈《女儿红》以其丰富、细腻的动作，反映了绍兴地方酿酒、嫁娶等民间习俗，在文化部春节晚会上表演并且获全国群星银奖。脍炙人口的《女儿红》歌曲、戏剧也多次在浙江、绍兴、上海东方电视台等地方台播出。

女儿红作为中国情感第一酒，历经千年的风雨洗礼，经历岁月的磨砺，久负盛名，被无数饮家誉为“值得信赖的标志”，多年来赢得了无数国际、国内奖项，更作为中国原产地域保护品牌，享誉世界。

（三）四川省宜宾五粮液

四川省宜宾的五粮液素有“三杯下肚浑身爽，一滴沾唇满口香”的赞誉，是四川酒业的“六朵金花”（泸州特曲、郎酒、剑南春、全兴大曲、五粮液、沱牌曲酒）之一。不仅在国

宜宾五粮液，喷香浓郁，醇厚甘美，回味悠长

享有“名酒之乡”美称的四川省宜宾市是五粮液酒的故乡

内闻名遐迩，而且远销国外。

五粮液的历史悠久，在五粮液的酿制工艺形成过程中，最为重要、最具有影响力的是“姚子雪曲”。它是宋代宜宾绅士姚氏家族私坊酿制的，采用玉米、大米、高粱、糯米、荞子五种粮食为原料，口感醇厚、香气宜人。“姚子雪曲”是五粮液最成熟的雏形。到了明朝初年，宜宾人陈氏继承了姚氏产业，总结出“陈氏秘方”，五粮液用的就是“陈氏秘方”。这种酒有两个名称，“姚子雪曲”和“杂粮酒”，这就是现在五粮液的前身。后来，陈氏秘

五粮液不仅闻名于国内，还远销国外

五粮液享誉世人，流芳至今

五粮液醇厚甘美，回味悠长

五粮液是中国最著名的白酒之一

五粮液在中国浓香型酒中独树一帜

方传人邓子均将这种酒带到一次家宴上，一个名为杨惠泉的人品尝了以后说：“如此佳酿，名为‘杂粮酒’似嫌凡俗，而‘姚子雪曲’虽雅，但不能体现此酒的韵味。此酒是集五粮之精华而成玉液，更名为‘五粮液’是一个雅俗共赏的名字，而且顾名可思其义。”从此，“五粮液”美名问世，至今已有一个世纪之久。邓子均也因此被称为“五粮液的传人”，五粮液所有的历史记载，都有过关于邓子均的记述。五粮液人在“酒文化博览馆”专门修建了有功于五粮液的人物塑像和浮雕纪念碑，邓子均理所当然地被排在第一

五粮液已享有一个世纪之久的美名

位，在他的雕像下镌刻着“五粮液的传人”六个大字。

五粮液以优质高粱、糯米、大米、小麦、玉米五种粮食为原料酿制而成，喷香浓郁，醇厚甘美，回味悠长，受到人们的赞誉。宋代著名的诗人黄庭坚称赞早期的五粮液（姚子雪曲）时说：“杯色争玉、白云生谷。”“清而不浊、甘而不哕、辛而不螫”，浓缩了古人对五粮液美酒的真实感受。在第二届全国评酒会上，严谨认真的评酒专家们就给予了五粮液“香气悠久、味醇厚、入口甘美、入喉净爽、各味谐调、恰到好处、酒味全面”的高度评价。专家的评语与黄庭坚的评价如此的相似，不仅说明了五粮液长期稳定的卓越品质，也说明了五粮液是中华民族文化酒的典型代表。所以，集五种粮食之精华的五粮液作为纯天然绿色饮品，味觉层次全面而丰富，调动了人的视觉、嗅觉、味觉的最佳享受，因此五粮液酒深受中外消费者的喜爱。

五粮液的工艺技术是独有的，采用独有的“包包曲”作为空气和泥土中的微生物结合的载体，非常适合酿造五粮液的一百五十多种微生物的均匀生长和繁殖，“包包曲”作为糖化发酵剂，发酵的温度不同，形成不

五粮液的酿造工艺十分悠久

五粮液喷香浓郁，滋味醇厚

同的菌系、酶系，有利于酯化、生香和香味物质的累积，构成五粮液的独特风格。五粮液采用“跑窖循环”“固态续糟”“双轮底发酵”等发酵技术，采用“分层起糟”“分层蒸馏”“按质并坛”等国内酒行业中独特的酿造工艺“陈酿勾兑”，这种独特的酿造工艺使五粮液在浓香型白酒中独树一帜。

八　茶类

北京王府井步行街老字号吴裕泰茶庄

（一）北京吴裕泰

中国人有喝茶的习惯，中国的茶叶种类多、口味各异，而且喝茶的讲究也不一样，形成了中国独特的茶文化。此外，所谓柴、米、油、盐、酱、醋、茶，茶也是人们日常生活中必不可少的东西，这便催生了诸多茶庄专门经营各种茶叶，而在众多的茶庄中，北京吴裕泰茶庄以其悠久的历史、独特的口味而独领风骚，1995 年，被授予“中华老字号”的称号。

吴裕泰茶庄，创建于 1887 年，即清光绪十三年，至今已有一百二十多年的历史。茶庄创始人是安徽人吴锡卿，吴家几代人都是做茶叶生意的，在北京城先后开了大大小小十几家茶庄，专门经营高档茶叶，顾客主要为名门显贵。吴裕泰最早的牌匾是吴锡卿请清末老秀才祝春年题写的“吴裕泰茶栈”，老秀才书法造诣很深，这几个字写得遒劲厚重，为茶庄增色不少。这块匾在北京挂了几十年，到公私合营时，“吴裕泰茶栈”改为“吴裕泰茶庄”；“文革”时，北京北新桥地名被改为“红日路”，吴裕泰也随之更名为“红日茶店”；1985 年，才恢复“吴裕泰茶庄”，是请中央民革委员冯亦吾老先生题写的，黑地金字的横式牌匾一直沿用到今天。

吴裕泰茶基本符合大众口味，生意一直很兴隆

吴裕泰以销售自拼茉莉花茶为主要特色。吴裕泰的茶叶香气鲜灵持久，滋味醇厚回甘，汤色清澈明亮，耐泡，被誉为“裕泰香”。这主要是因为吴裕泰采用“自采、自窨、自拼”的操作规范。自采是指吴裕泰在安徽、福建、浙江等地都设有自己的茶基地，完全按照自己的标准采摘茶叶，自窨则是花茶加工的一个步骤，将绿茶胚和鲜花多次拌和，让前者充分吸收花香，所得茶称为原料茶。一般茶叶只窨三四次，吴裕泰的茶叶则窨六七次。窨好的原料茶在普通茶店里可以直接出售，但吴裕泰又多出了一道工序——自拼，即将原料茶按

吴裕泰茶庄

吴裕泰茶庄始建于 1887 年 (清光绪十三年)

其口味特点再次进行拼配。这就是为什么吴裕泰的茶叶特别香浓的原因。

经过一百多年的发展，今天的吴裕泰茶庄已经成为拥有上百家连锁店、一个配送中心、一个茶文化陈列馆、一个茶艺表演队和两个茶馆，年销售额超过亿元的中型连锁经营企业，是北京城著名的中华老字号，在国内茶叶行业中具有很高的知名度，并拥有稳定的顾客群体，许多顾客一家几代人都喝吴裕泰的茶。与此同时，吴裕泰牌的茉莉牡丹绣球、茉莉雪针、莲峰翠芽等八个品种茶叶曾连续三年获国际名茶评比会金奖，并获

简装茶叶

日本、韩国评茶会名茶金奖。

（二）北京元长厚

在北京茶叶行业中，元长厚也是不得不提的中华老字号之一。元长厚茶庄是在吴肇祥、福聚来、隆泰等几家老字号茶庄的基础上组建而成的。以其茶叶味道香浓、品种齐全，深受京城百姓的喜爱。其中元长厚出品的小叶茶、绿雪茶、牡丹绣球等品牌茶，以其优良的品质，在国内外享有很高的声望。

元长厚茶庄创始于 20 世纪 20 年代，茶庄的前身在河北察哈尔特别区，原名叫“永生元茶庄”，后来由察哈尔迁入北平宣武门内大街,距今已有近九十年的历史。永生元茶庄的创始人孙焕文精通茶叶技术，善于经营管理，其良好的服务、优质的茶叶使茶庄在察哈尔地区就已经很有名气。“永生元茶庄”迁到北京以后，孙先生扩大了经营规模，但经营方式仍以自拼自卖为主。为了使茶庄买卖更加兴旺，他借用了“一元复始、源远流长、庄底雄厚”的含义，将茶庄改名为“元长厚茶庄”，并请著名书法家吴兰弟为茶庄题写牌匾。这块牌匾的题字苍劲有力，招来了不少文人墨客前来品茶评字，谈诗论画，茶庄生意也随之越来越兴隆。后来，吴肇祥、福聚来、隆泰、宏兴、益新、吴鼎和、吴恒端、吴新长等老字号茶庄相继归入元长厚，使元长厚得到了进一步的发展，规模越来越大。

元长厚茶庄主要经营茉莉花茶、绿茶、乌龙茶、红茶、沱茶、保健茶等。同时还经营各种档次的宜兴紫砂茶具。在元长厚茶庄的老字号当中，最有名的要算吴肇祥茶庄了。吴肇祥茶庄已经有一百多年的历史了，是吴肇祥在清光绪年间开办的。为了降低成本和经营出自己的特色，吴肇祥派人去南方办货，在天津、安徽、杭州和福建等地都设有办事

元茶厚茶庄

老字号张一元茶叶店

处，用来专门收购当地的新鲜茶叶，这样从南方采运回来的茶叶，不仅成本低，而且质量好。所以，吴肇祥茶庄的茶叶自然比别家便宜。茶叶在窨制、拼配过程中，工艺也十分讲究。这里的茶叶，泡后颜色呈淡黄，味道浓香并且持久，因此，来这里的顾客多，生意十分兴隆。吴肇祥茶庄在光绪末年时还为清朝皇宫加工茶叶，据说每年卖给宫内各种茶叶有一千多斤，很受清宫的欢迎，吴肇祥茶庄也因此名声大振，生意越做越兴隆。这也与这里的茶叶质量有关，如吴肇祥窨制花茶时多用伏天茉莉花，这样的茶叶泡后颜色淡黄，味道浓香持久。同时，酒要勾兑，茶要拼配，菜要搭配，吴肇祥特别重视茶叶的拼配，拼配的茶叶口感滑润、香气浓郁、经沏耐泡。

现在，元长厚茶庄的香茶味飘满了整个北京城，已经成为地道的中华老字号。

（三）北京张一元

北京张一元已经有百余年的历史，是与吴裕泰、元长厚齐名的中华老字号，在茶类行业中久负盛名。张一元的特色小叶花茶不仅在北京闻名，而且热销华北、东北各地。张一元风味独特的“京味”花茶，物美价廉，具有深厚的老北京文化底蕴，是京城老百姓离不开的生活必需品，拥有广泛的市场。

张一元茶庄

张一元茶庄茶叶质童上乘、色味醇正

北京张一元的前身是张一元茶庄，是张文卿于清朝光绪三十四年（1908 年）开办的。关于张一元的“一元”，有很多种说法。有人说是由最初的“张玉元茶店”而来；有人说是取用了“一元复始，万象更新”的意思，用“一元”是希望生意永远兴隆，不会衰落；还有人说是“一块钱一包茶”的意思。目前大多数人比较认同第二种说法。当时张文卿特地在福建开办了茶场，按时收购新鲜的茶叶，买花自己熏制花茶。他还依据北方人的口味，就地进行窨制、拼配，形成具有特色的小叶花茶，

礼
張一元對內
依法治企，
對外彬彬有
禮，而張一
元的好茶也

张一元茶庄的创办人是安徽歙县人张文卿

张一元茶庄产品

张一元茶庄位于前门大栅栏

这种茶具有汤清、味浓、入口芳香、回味无穷的特点，因此深受欢迎。

张一元除了小叶花茶外，茉莉花茶也很有名。张一元的茉莉花茶采用福建烘青绿茶即春茶作茶坯，制作过程主要有萎凋、杀青、揉捻、烘焙，做工精细讲究，因此茶叶“京味”十足，受到北京人的认可。

张一元的茶叶品种多、质量高、分量足，在北京人心里早已树立起良好的形象，很多北京人买茶叶就认准了张一元。现在的张一元既有龙井、碧螺春、君山银针等名茶，又有深受京城及北方人喜欢的各种档次的花茶、紧压茶、红茶、保健茶等，同时还相继

北京老字号张一元茶叶庄内景

推出张一元包装系列礼品茶，茶叶品种多达二百多种。

张一元还想尽各种办法招揽顾客。张一元茶庄店堂内设有品茶桌，来到茶店中的顾客可先品茶、看茶，然后再买茶，所买的茶叶安全放心，喝着也舒心。据说张一元茶庄还是京城里第一个用高音喇叭播放歌曲、戏剧等来招徕顾客的茶庄，当时茶庄每天都有很多来听歌曲、戏曲的人，非常热闹。

总之，张一元茶庄茶叶的良好质量、服务的热情周到都无愧于中华老字号的荣誉。

九 果仁和豆类干货

果仁张的干果香而不俗，甜而不腻

（一）天津果仁张

果仁张是天津著名的小吃之一，中华老字号，至今已经有一百六十多年的历史。果仁张制作的各种美味果仁，香而不俗，甜而不腻，色泽鲜美，酥脆可口，久储不绵，具有香、甜、酥、脆，味美可口、回味无穷的特点。果仁张以其精湛的工艺、独特的风味而闻名海内外，被称为“食苑一绝”。

果仁张第一代制作者张明纯和第二代制作者张维顺曾经在清宫做御厨，专门炸制各种小食品，因为他们做的蜜供色泽纯正、甜而不腻、清滑爽口，受到同治皇帝和慈禧太后的喜爱，御赐名为“蜜供张”，并誉为宫廷小吃。果仁张的第三代张惠山，走出宫门，来到民间创立了“果仁张”。张惠山制作的净香花生仁、琥珀核桃仁、虎皮花生仁等品种，在1956年天津市饮食商业优质品种展览会上荣获优质奖。改革开放之后，第四代传人张翼峰及妻子陈敬继承父业，先后把祖传的各种炸果仁和豆类制品予以恢复和发展，推出花生仁、核桃仁、杏仁、腰果仁、瓜子仁、松子仁以及蚕豆、青豆等炸食精制品，在天津众多小吃中独树一帜。

现在的果仁张制品是四代制作人艰苦和智慧的结晶，在制作过程中，制作技艺和配料都十分严格。选择原料时，要求果仁籽粒饱满并合乎规格，制作时根据季节变化掌握油质和油温，并针对果仁制品的不同色泽和味道调制配料，工艺手法有推、翻、摁、抄、拨、托、提、压、转、挤、拢、点、撩等，复杂多样，所以果仁张制品风味才如此独特。

果仁张成品以花生仁、腰果仁、核桃仁、瓜子仁、杏仁及多种豆类为主料，有虎皮、琥珀、净香、奶香、五香、桔香、柠檬、薄荷、番茄、山楂、海菜、咖啡、可可、姜汁等品类和香、甜、酥、脆、酸、

干果

凉、麻辣等口感特点。果仁张传统产品有琥珀花生仁、琥珀核桃仁、虎皮花生仁、净香花生仁、奶香瓜子仁、五香松子仁等。创新产品有琥珀腰果仁，奶香杏仁，奶香、五香、可可、麻辣、海菜、香草、桔香、柠檬、山楂、咖喱、薄荷、姜汁等多种口味的花生仁、蚕豆及青豆，此外还经营其他种类的食品和土特产品。

天津崩豆张的干果全国有名

果仁张选用优质果仁制作而成，果仁种类繁多，而且都具有很高的营养价值，深受人们的喜爱，是日常生活中老少皆宜的小食品。

（二）天津崩豆张

天津崩豆张专门制作和销售各种豆类干货小吃食品，是历史悠久的中华老字号，是天津最有名的豆类干货品牌。

崩豆张的创始人叫张德才，是清朝嘉庆末年宫廷御膳房里的御厨。当时朝廷中的王公贵族每天吃完主食以后，总是喜欢再吃点零食来消遣。为了满足宫里人的这种需求，张德才经过精心研究和实践，终于研制出了多种豆类风味干货食品，如糊皮正香崩豆、豌豆黄、三豆凉糕及果仁、瓜子等，深受宫里人的喜爱。另外，在节

天津崩豆张

日和宴会时，他还为宫廷制作了九龙贡寿、麻姑献寿、龙凤成祥等特种成型贡品，口味都很独特。

到了清咸丰年间，张德才去世，崩豆张的第二代传人张永泰兄弟三人回到天津定居，这一宫廷食品也被带到了天津。张氏兄弟在天津首创崩豆张总号，从此，崩豆张在天津便家喻户晓。后来，崩豆张的第三代传人张相兄弟二人继承祖业，先后创立了“老德发”“老德成”“老来财”“老来福”“老张记”等字号，自产自销风味豆类干货小食品。崩豆张的第四代传人张国华 14 岁跟随父亲学艺，掌握了这种制作豆类干货食品的祖传绝技。崩豆张的第五代传人是张福全、张祯全、

天津古文化街上的崩豆张干果店

张祥全、张友全和张大全。1985 年崩豆张首批进入南市食品街经营，重新恢复了老字号。

崩豆张产品的特点是：脆而不绵、不硬，不含胆固醇，久嚼成浆，浓香满口。尤其糊皮正香崩豆，最受人们的青睐。糊皮正香崩豆原名为黑皮崩豆，制作这种崩豆时，必须要用外五料即桂皮、大料、茴香、葱、盐，还有内五料即甘草、贝母、白芷、当归、五味子以及鸡、鸭、羊肉和夜明砂乌等，一样都不能少。这种崩豆，制作出来以后，外形黑黄油亮，看起来像老虎皮一样，膨鼓有裂纹，但里面不进砂，不牙碜，嚼在嘴里脆而不硬，五香味浓郁，余味绵长。

崩豆张在 1993 年被誉为中华老字号，闻名全国。现在生产糊皮正香崩豆、去皮夹心崩豆、桂花酥崩豆、豌豆黄、三豆凉糕、冰糖奶油豆、冰糖怪味豆、儿童珍珠豆、去皮麻辣豆等豆类干货食品，分高、中、低三个档次，有近二十个大类近八十余个品种。由于崩豆张一直重视产品的质量和信誉，所以产品畅销天津、北京、武汉、南京、贵阳、杭州、合肥、大连等地，1990 年还作为天津市的名、特、优、新产品，在亚运会期间进京展销。